TAYLOR SWIFT
Ses tenues iconiques

TAYLOR SWIFT
Ses tenues iconiques

Terry Newman

Traduction : Delphine Billaut

Introduction

Comme on peut le lire sur ses célèbres t-shirts à slogan « Who's Taylor Swift anyway ? », tout d'abord qui est Taylor Swift ? La plupart des gens ont déjà leur réponse. Elle est entrée dans la légende et son étoile est aussi brillante que ses tenues de gala. Reine de l'internet, mégastar de la génération Y, Taylor Swift est née dans une banlieue de Pennsylvanie et a grandi dans une exploitation de sapins de Noël. À quatorze ans, elle part avec ses parents à Nashville, dans le Tennessee, pour réaliser son rêve : devenir chanteuse country. Et elle y travaille, d'arrache-pied : « Je suis de ceux qui se sentent obligés de réviser à fond pour avoir les meilleures notes », explique-t-elle dans *Vanity Fair* en 2013. « Je travaille très dur pour chaque contrat d'enregistrement, j'y consacre des années pour que ce soit parfait. Je dois écrire une centaine de chansons avant d'en avoir une bonne. » Aujourd'hui, l'idée que Taylor Swift puisse écrire une chanson « médiocre » serait presque risible. Elle prend ses premiers cours de chant à neuf ans et son premier single (« Tim McGraw », disque de platine) sort en 2006 alors qu'elle a tout juste seize ans. Depuis, Tay Tay (comme on la surnomme affectueusement) a accumulé des quantités de Grammy Awards, MTV Awards, Country Music Awards et d'autres encore, battant plus de records que son catalogue ne compte d'albums. Au fil de son ascension, elle a abordé un grand nombre de genres, a enchaîné les tournées mondiales, a été encensée par la critique et, comme Taylor l'a elle-même remarqué, elle a porté BEAUCOUP de sequins.

Les « millennials » sont à mi-chemin entre le zèle de la génération Z et l'indépendance insolente de la génération X. Grâce à la rapide expansion de l'internet durant leur jeunesse, ils n'ont eu d'autre choix que de s'adapter pour s'épanouir. La communication en ligne est soudain passée d'un murmure distant, d'un sentiment vague de ce qui pourrait advenir, à un phénomène incontournable, essentiel et omniprésent, alors même que la plupart des millennials n'avaient pas encore quitté l'école. Assez âgés pour se souvenir de l'époque d'avant les réseaux sociaux, mais assez jeunes pour diffuser l'ensemble de leur vie adulte dans le cyberespace, ils font figure d'énigme pour l'imaginaire populaire. Révolutionnaires, ils s'affranchissent des normes contraignantes avec une assurance sans précédent. Ils œuvrent dans leur propre intérêt tout en étant à l'écoute des autres. Obnubilés par les technologies, ils savent pourtant résoudre les problèmes avec créativité. S'il existe une vérité dans ce mythe qui entoure les millennials, c'est sans doute dans le culte de la célébrité qu'elle est le plus manifeste. Aucun autre représentant de la génération Y n'est plus connu que Taylor Swift. Ses fans, les « Swifties », se passionnent pour le personnage qu'elle incarne, pour ses choix vestimentaires et ses photos volées – ce qui n'était tout simplement pas possible avant l'avènement de la bulle internet à la fin des années 1990. À leur tour, les enfants les plus célèbres de cette génération ont dû se focaliser sur leur personne, se soucier jusqu'à l'excès de leur image et de la perception

« Ce que je préfère
avec la mode, c'est passer
par des phases successives.
J'adore la façon dont elle marque
le temps qui passe. De ce point de vue,
elle partage un point commun
avec mes chansons :
toutes permettent d'identifier
où j'en étais à différents
stades de ma vie. »

– Taylor Swift, *Vogue*, mai 2016.

que le public a d'eux, comme aucune autre génération de vedettes avant eux. Mais Taylor Swift fait preuve d'une intelligence rare. Peu de célébrités gèrent leur présence en ligne avec une telle attention aux détails. Plus rares encore sont celles qui ont atteint une maîtrise aussi minutieuse de leur image. Lors d'une interview pour *YouTube Presents* en 2011, elle raconte : « Je pense que nous avons tous constaté l'effet qu'ont les réseaux sociaux... J'ai grandi à l'époque où ils étaient sur le point d'exploser. J'étais en sixième-cinquième quand tout le monde a commencé à avoir son profil en ligne. On ne parlait que de qui était l'ami de qui, et qui commentait la page de qui. » Depuis qu'elle a gravi les échelons, Taylor a conservé ce regard d'adolescente sur les réseaux sociaux, admettant avec franchise son habitude de *stalker* ses fans, c'est-à-dire de les suivre sur les réseaux, de commenter leurs photos et de participer en général à la vie de ces communautés. Et chaque fois qu'elle annonce de nouveaux contenus, en les révélant petit à petit ou en les publiant par surprise, elle se lance avec jubilation dans des jeux de codes secrets et de chasse au trésor, incitant ses Swifties excités à suivre la piste de ses indices méticuleusement préparés. Interrogée en 2022 par la *NPR*, la radio nationale américaine, Brittany Spanos, qui dispense un cours sur Taylor Swift à l'université de New York, explique : « Elle est très impliquée sur les réseaux sociaux. C'est une artiste qui semble maîtriser toutes les plateformes possibles, et qui les utilise de telle façon qu'elle donne à ses fans l'impression de pouvoir être véritablement en contact avec elle. Cela lui permet de rester vraiment dans le coup. »

L'un de ses plus grands triomphes en ligne est sans doute la façon dont elle s'est approprié l'émoji « serpent », utilisé au départ comme une insulte par ses détracteurs. Après une altercation avec un ex, le célèbre DJ Calvin Harris, et un échange bien plus houleux avec Kanye West, provocateur réputé, le serpent est devenu l'élément central d'une déplorable campagne de dénigrement menée contre elle sur les réseaux. Taylor ferma alors ses comptes et, pendant un temps, se mit aux abonnés absents. « Des millions de gens, littéralement, me disaient de disparaître. Alors, j'ai disparu », expliqua-t-elle quelque temps après dans *Vogue*. À son retour, elle prit possession du serpent en en faisant un symbole. Avec l'humour malicieux qui la caractérise, elle glissa le serpent dans ses posts, brandit des micros aux formes reptiliennes, proposa des produits à l'effigie de l'animal, y fit référence dans ses interviews et l'afficha sur les profils qu'elle relança. Elle l'écrit elle-même dans un article pour *Elle* en 2019 : « Il y a quelques années, quelqu'un a démarré une campagne de dénigrement contre moi sur internet en me traitant de vipère. Tellement de gens ont su que j'ai été déprimée comme jamais. Mais je ne peux pas vous dire à quel point il a été dur de me retenir de rire chaque fois que mon cobra gonflable de vingt mètres de haut, que j'ai appelé Karyn, s'est élevé sur scène devant soixante mille fans en délire. » Durant cette période délicate, ses tenues sont choisies de manière à traduire son état d'esprit. À des moments-clés du clip de « Look What You Made Me Do », elle arbore un body en velours noir à manches bouffantes Philipp Plein A/H 2017, ainsi que des bottes Balenciaga. Un look sombre ultrachic avec une touche d'humour décalé, à l'image de la chanson elle-même. La tenue Philipp Plein n'est pas la seule pièce du clip à avoir été soigneusement sélectionnée : c'est un défilé de marques de mode pointues qui contribuent toutes à créer un enchaînement de chocs visuels.

Taylor Swift ne cherche pas à lancer de nouvelles tendances ; elle ne suit pas les modes. Taylor est une artiste et sa manière de s'habiller est l'expression d'un instinct créatif naturel. Tout ce qu'elle porte contribue à l'histoire qu'elle a à raconter, et suit la progression de son style musical ainsi que de son identité en tant que personne. C'est là un autre élément-clé de la légende qui l'entoure : la jeune femme s'inscrit dans un processus d'évolution constante. Les Swifties sont d'accord : elle a contribué à normaliser l'idée d'apprendre de ses erreurs, de ne pas tenir compte de ses *haters*, de mettre en scène des réinventions étudiées, de ne pas hésiter à cliquer sur le bouton « actualiser » quand le besoin s'en fait sentir. Chaque album s'accompagne d'un nouveau style musical additionné d'un nouveau style vestimentaire. À ses débuts, quand on la surnommait « la petite fiancée de l'Amérique », elle associait souvent bottes de cow-boy et longues robes à fleurs, évoquant le folklore américain. « À dix-sept ans, je ne me séparais jamais de mes santiags... Je ne jurais que par elles. Ensuite, j'ai fini par porter autre chose, mais je privilégie toujours ce que j'aime vraiment. » Sa période *Red* se teinte de rouge et témoigne d'un rapprochement vers la pop. Elle troque ses bandeaux de fille sage contre des vestes en cuir et peint ses lèvres de rouge écarlate. Lorsqu'elle se lance véritablement sur la scène pop avec cet album majeur que fut *1989*, elle revoit encore une fois entièrement sa garde-robe, se métamorphose en diva de la pop, coupe ses cheveux et opte pour le blond platine, associe crop tops lumineux et jupes patineuses. Ces transformations rechargent son capital séduction et se conforment bien avec la culture du tout visuel de plus en plus favorisée par internet. Ses tenues sont des jalons le long de sa route vers le succès, mais aussi, pour ses fans du monde entier, des repères leur permettant de se retrouver eux-mêmes au gré de ses différentes périodes.

Après l'impertinence de *Reputation* et la folie pastel de *Lover*, Taylor adopte des tons plus doux. Les sorties successives de *Folklore* et *Evermore* en 2020 s'assortissent d'une collaboration avec Stella McCartney. Intéressée par le développement durable, la créatrice sort une collection rustique de pièces uniques upcyclées. Après que Tay les a portées, elles sont vendues dans la boutique très sélecte de la styliste, sur Bond Street à Londres. Puis, après un teasing promotionnel sur toutes les plateformes imaginables destiné à faire monter la tension comme seule Taylor Swift sait le faire, sort *Midnights*, en 2022, accompagné de son premier vrai recentrage vestimentaire. Les cotonnades et les dentelles champêtres laissent place à des cascades de satin et à des rivières de sequins, court-circuitant une fois de plus le tempérament versatile de ce public que l'ennui gagne si rapidement. Invitée surprise à l'O2 Arena de Londres pour chanter « Anti-Hero » en janvier 2023, elle se produit dans une robe droite dorée Paco Rabanne, ornée de paillettes. Aux MTV Music Video Awards 2022, elle a déjà arboré un combishort à étoiles argentées Moschino, avec des sandales brillantes assorties signées Alexander McQueen. Elle contrebalance pourtant froufrous et paillettes avec les notes rustiques d'une série de tenues de tous les jours comprenant des tops crochetés à rayures orange de chez Mother, des pulls à torsades oversized, des pantalons en velours à grosses côtes marron et moutarde, des jupes en tweed et des pulls en laine The Row.

On est plus dans le style vintage « Karen Carpenter années 70 » que dans l'ambiance « *Fièvre du samedi soir* » de ses apparitions sur scène. Surtout, de ses éblouissantes santiags à ses tailleurs androgynes, cette sélection éclectique est bien plus qu'un résumé des périodes qu'elle traverse. C'est un champ des possibles, qui lui laisse toute liberté d'opter pour des robes à strass Oscar de la Renta ou pour des pulls à capuche rose flashy Balenciaga, avec une confiance toujours aussi affirmée.

Cette profusion de styles n'est pas sans lien avec le divorce houleux que Taylor vit en 2019 avec sa maison de disques, à la suite duquel elle entreprend de récupérer ses titres et élargit son horizon en reprenant également d'anciens succès. Selon un article paru dans le magazine *Ms.*, « en réenregistrant ses albums, non seulement Taylor Swift remet ses chansons au goût du jour, mais elle récrit aussi sa propre légende, tout en se forgeant au passage une identité féministe ». Parce que ses tenues en disent aussi long sur elle que ses chansons, elles viennent renforcer son personnage et densifier l'aura qui l'entoure. En 2023, le musée des Arts et du Design de New York met sa garde-robe en lumière à l'occasion d'une exposition intitulée « Taylor Swift, Storyteller » (« Taylor Swift, conteuse »). Son directeur, Tim Rodgers, explique : « Elle n'est pas comme ces stars qui recourent aux costumes ou à la mode pour se mettre en valeur. Taylor Swift se sert des costumes et des accessoires comme d'un langage. »

En dépit de sa propension presque surnaturelle à changer de peau sans perdre une once de crédibilité, certaines bases stylistiques demeurent. Ainsi, en 2023, lorsqu'on demande à l'artiste Jonathan Van Ness ce qui lui vient en premier à l'esprit lorsqu'il pense à Taylor Swift, il réplique aussitôt : « Ses lèvres rouge vif. » Cet élément est en effet resté malgré ses multiples changements de style. Pendant sa tournée *The Eras Tour*, Taylor revisite avec nostalgie un grand nombre de tenues iconiques, toutes accessoirisées de cette teinte rubis qui est maintenant sa signature. Son penchant pour le kitch est aussi une constante – et l'une des raisons pour lesquelles d'innombrables Swifties se ruent sur les modèles de tricot et autres tutos DIY pour recréer ses derniers looks. La rédactrice beauté Pat McGrath, qui en 2022 joue la « reine » dans le clip de « Bejewelled » et qui s'est aussi chargée de maquiller Taylor pour le tournage, a par la suite créé le « Taylor-Made Lip Kit » qui, comme on pouvait s'y attendre, s'est arraché. Les fripes de Stella McCartney n'ont pas mis longtemps non plus à se vendre.

Ce vocabulaire propre à Taylor Swift, ancré comme aucun autre dans le XXIe siècle, est une langue que des millions de fans des quatre coins du globe ont apprise par amour pour elle et pour son travail. Quand Taylor s'exprime, à travers ses chansons, sur les réseaux sociaux ou par ses choix vestimentaires, le monde l'écoute.

Midnight star – l'arrivée de Taylor Swift aux 65e Grammy Awards, en février 2023.

« J'apprécie Taylor Swift. J'aime l'écouter… J'aime bien la façon dont elle réagit à toutes les attaques. J'aime ses manières de se définir. »

– Neil Young, conférence de presse au Country Music Hall of Fame, 2011.

Regard cristallin

« Je vous en dirai plus à minuit. »
– Taylor Swift, MTV Video Music Awards, 2022.

Taylor Swift illumine les MTV Awards 2022 en posant sur le tapis rouge vêtue d'une robe scintillante dessinée par Laura Kim et Fernando Garcia pour la collection Oscar de la Renta Resort 2023. Surnommée « robe nue », celle-ci se compose de rivières de strass argentées placées en des endroits stratégiques. Des talons aiguilles Christian Louboutin ornés de brillants en forme de gouttes viennent compléter cette silhouette très *Gatsby le Magnifique*. Nombre de fans voient là un clin d'œil au clip de « Look What You Made Me Do » de 2017, dans lequel elle apparaît dans une baignoire emplie de diamants.

C'est une soirée exceptionnelle, notamment parce que Taylor remporte à la fois le trophée de la Meilleure vidéo format long et celui de la Vidéo de l'année pour *All Too Well : The Short Film*. Elle en profite pour faire une annonce surprise : son dixième album studio, *Midnights*, sortira dans l'année.

Comme tout Swiftie digne de ce nom le sait, la sortie d'un nouvel album s'accompagne d'une nouvelle garde-robe. La création ultra-luxueuse qu'elle porte ce soir-là aux MTV Awards n'est qu'un avant-goût des costumes étincelants à venir. Fidèle à sa manière de faire, « T-Swizzle » (un autre surnom de Taylor Swift) se sert une fois de plus de sa tenue pour déclarer ses intentions.

Couverte de diamants – Taylor pose dans sa « robe nue » lors des MTV Vidéo Music Awards à New York, en 2022.

Golden Girl

C'est dans une création plutôt sobre signée The Blonds que Taylor Swift monte sur scène lors des 50e American Music Awards 2022, non pas une, mais six fois, primée dans les catégories Meilleur album pop, Meilleure artiste féminine pop, Meilleur clip musical, Meilleur album country, Meilleure artiste féminine country et Artiste de l'année. Elle éblouit le public dans une combinaison dos-nu dorée des créateurs Phillipe et David Blond. Ces derniers ne cachent pas s'être inspirés de l'élégance fastueuse des légendaires déesses du glamour Joséphine Baker, Marlène Dietrich et Marilyn Monroe, ou encore des grandes icônes de la mode Grace Jones et Cher, un peu plus contemporaines.

L'univers esthétique des Blonds, ce sont des vêtements d'une excentricité absolue. Le travail du duo dégage une flamboyante fluidité entre les genres. Leur approche « bling-tastique » leur a permis de s'attacher un véritable public appréciateur, et des stars telles que Beyonce, Daphne Guinness ou Lady Gaga ont toutes revêtu leurs créations.

Femme fatale – l'arrivée de Taylor Swift en tenue signée The Blonds aux 50e American Music Awards, en 2022.

Dick Clark Productions
Security
Benefit®
AME
M
AW

Avec leur style rétro et septième art, comble de l'élégance, les collections des Blonds sont une évidence pour une brillante star à la recherche du coup d'éclat.

Cette soirée est un triomphe pour Taylor, et pas seulement sur le plan vestimentaire. Elle est l'occasion de revendiquer sans détour ses droits de propriété après la vente médiatisée de son catalogue à Scooter Braun en 2019. C'est *Red (Taylor's Version)* – le second album parmi la série qu'elle a réenregistrée afin de reprendre le contrôle sur ses premières chansons – qui lui permet de rafler un si grand nombre de récompenses ce soir-là et de maintenir son combat sous les feux des projecteurs du milieu musical. Dans son discours de remerciement, elle glisse : « Vous ne pouvez pas savoir ce que signifient pour moi les albums que j'ai réenregistrés. Je ne vous remercierai jamais assez pour l'attention que vous portez à cet album dont je suis si fière. »

« Vous n'êtes pas obligée d'être blonde pour porter du Blond !

Peu importent vos origines et votre apparence. C'est un état d'esprit, une manière de vous exprimer et d'instiller du glamour et de la fantaisie dans votre vie ! »

– Phillipe Blond, *IRIS Covet Book.*

Déchaînée

Des robes en métal brillant dont Paco Rabanne fit sa signature et qui lancèrent la mode futuriste des années 1960, à celle de Stephen Burrows en filet doré tendance disco que Farrah Fawcett porta lors des Academy Awards 1978, la cotte de mailles médiévale étonne par son intemporalité. Kate Moss la reprit à son compte dans les années 1990 avec sa célèbre *slip dress* Versace, une robe-nuisette faite de mailles argentées ondoyantes. Au début des années 2020, la cotte de mailles fait fureur sur TikTok : des quatre coins du monde, on poste des tutos pour tricoter soi-même des gants médiévaux en lurex argenté.

Pour sa collection A/H 2022, le styliste géorgien David Koma propose sa propre version : des tops et des robes dont les manches en mailles sont serties de rubis, inspirées par les joyaux de la Couronne, pour célébrer sa récente naturalisation britannique. Fervente admiratrice de Koma, Taylor Swift ne se fait pas prier pour revêtir cette longue robe transparente en mailles ornées d'émeraudes pour fouler le tapis rouge à l'occasion des MTV Europe Music Awards, en novembre 2022. Accessoirisée de bagues en diamants Delfina Delettrez, joaillère et héritière de Fendi, Taylor illumine de nouveau la salle.

Ci-dessus : *avant-gardiste – Tay Tay en cotte de mailles lors des MTV Europe Music Awards à Düsseldorf, en 2022.*
Ci-contre : *la Cité émeraude – Taylor sur le tapis rouge lors des MTV Europe Music Awards à Düsseldorf, en 2022.*

Paramount+
EMA
Düsseldorf
2022
Paramount+
EMA
Düsseldorf
2022

Une victoire éclatante

« Je sais combien il est difficile de faire de la pop. Il faut porter beaucoup de sequins… »
– Taylor Swift, *MTVEMA.com*, novembre 2022.

La cérémonie des MTV Europe Music Awards de novembre 2022 est pour Taylor Swift une soirée parfaite. Après le tapis rouge, elle revêt une seconde tenue David Koma pour vivre ce rêve et recevoir ses récompenses. Cette robe moulante argentée, à col et bracelets de manches noirs, est une interprétation scintillante de la robe de tennis à col polo dont elle reprend la classique silhouette preppy.

Le style preppy trouve son origine dans les écoles américaines de l'Ivy League quand, au tournant du XXe siècle, Brooks Brothers et J. Press vendaient des vêtements à Harvard, Princeton et Yale. Dans les années 1950, le look sport casual fit son chemin dans les garde-robes féminines pour devenir ce style chic et charmant caractéristique des décennies d'après-guerre. C'est une tendance qui revient souvent et s'impose peu à peu comme un incontournable des défilés, réinventée de mille et une façons par Miuccia Prada, Marc Jacobs, Ralph Lauren et tant d'autres.

Dans sa collection automne 2022, David Koma donne un coup de neuf à ce style avec cette version intergalactique brodée de plexiglas et de strass, associée à des chaussettes de football montant aux genoux et accessoirisée de chaussures compensées années 1970 « Gaia » en cuir argent effet métal de chez Jimmy Choo.

Tay dans les coulisses des MTV Europe Music Awards à Düsseldorf, en 2022.

MTV

Cow-girl scintillante

De retour à Nashville pour y recevoir le prix de l'Artiste-auteur-compositeur de la décennie, Taylor a besoin d'une tenue en accord avec les lieux et le standing de l'événement. Portée pour la première fois par Bella Hadid lors du défilé Michael Kors A/H 2022, cette robe asymétrique à sequins noirs, découpée à la taille et fendue sur la cuisse, descend jusqu'à la pointe de ses talons aiguilles Aquazzura en daim et strass, et affirme au monde entier que cette star étincelante mérite d'être prise au sérieux.

Taylor a à peine quatorze ans quand sa famille emménage à Hendersonville, dans la banlieue de Nashville, pour se rapprocher des maisons de disques de country avec lesquelles elle aspire à travailler. Elle fait à son tour souvent référence à nombre de chanteuses emblématiques du Tennessee telles que Patsy Cline, Loretta Lynn, Tammy Wynette et Dolly Parton, qui furent elles aussi attirées comme des aimants par cette ville, la Mecque de la musique folk et country.

Élue Artiste-auteur-compositeur de la décennie, Taylor assiste aux Nashville Songwriter Awards 2022 de la NSAI, à Nashville dans le Tennessee.

CITY NATIONAL BANK
AN RBC COMPANY
NSAI
NASHVILLE Songwriter AWARDS
NSAI
NASHVILLE Songwriter AWARDS
CITY NATIONAL BANK
AN RBC COMPANY
NSAI
NASHVILLE Songwriter AWARDS
NASHVILLE Songwriter AWARDS
CITY NATIONAL BANK
AN RBC COMPANY

La récompense que Taylor reçoit ce soir-là n'est décernée qu'après de savants calculs. Selon *americansongwriter.com*, « elle s'appuie sur les chiffres cumulés des chansons dont elle est l'auteure entre les années 2010 et 2019, les points étant accordés en analysant les résultats de chaque chanson parmi les Top 20 du Billboard Country Airplay Chart, du Pop Songs Chart, du Christian Airplay Chart ou du Rock Airplay Chart, tandis que le prix de l'Artiste-auteur-compositeur de la décennie demande que le lauréat ait enregistré ses chansons tout en étant crédité auteur des paroles des titres pris en compte sur la période donnée ». Ouf ! Durant la cérémonie, Taylor interprète la version complète de dix minutes de « All Too Well ». Lors de son discours de remerciement, elle déclare : « Une bonne chanson vous transporte vers vos sentiments les plus sincères et traduit ces sentiments pour vous. Une bonne chanson reste à vos côtés même quand les gens ou les sentiments ne sont plus là. Écrire des chansons est une vocation et, quand vous pouvez en faire votre métier, vous avez beaucoup de chance. Il faut en être reconnaissant chaque jour, et remercier toutes les personnes qui trouvent que vos paroles méritent d'être écoutées. C'est cette ville qui m'a enseigné cela. »

Taylor Swift interprète « All Too Well » devant le public du Ryman Auditorium lors des Nashville Songwriter Awards, le 20 septembre 2022.

« Un bon auteur-compositeur est capable de vous faire voir des fleurs dans une chanson. Un très bon auteur-compositeur vous donne l'impression de les voir et de les toucher. Mais un auteur-compositeur vraiment doué vous fait voir, toucher et sentir les roses sur le bord de la fenêtre. C'est le cas de Taylor. »

– Keith Urban, *nashvillesongwriters.com*, 2022.

Puissante

La collection Cruise 2022 de Nicolas Ghesquière pour Louis Vuitton fut aussi inventive qu'à son habitude. Ses créations s'affranchissent des limites et ouvrent de nouvelles voies que d'autres suivent après lui. La présentation fut filmée sur l'Axe majeur, une installation monumentale créée par le sculpteur israélien Dani Karavan à Cergy-Pontoise. Au sein d'un parc dont la construction débuta en 1980, cette œuvre centrale est un long pont rouge qui conduit les visiteurs jusqu'à une « Île astronomique ». Parmi le défilé d'audacieuses pièces aux couleurs primaires telles que des robes boules, des manteaux trapèzes et des bottes hauteur genoux, il y avait une robe mouchoir ornée de sequins dorés surdimensionnés associant un effet résolument méta-moderne à un style années 1920.

C'est la robe qui inspira celle que porte Taylor en 2022 au Festival international du film de Toronto, pour la première projection de *All Too Well : The Short Film*. La création sur mesure Louis Vuitton se métamorphose en une interprétation entièrement dorée et tombant jusqu'au sol de la robe originale du défilé. Avec son côté années 1920 affirmé, elle ajoute un drapé pailleté à cette aura qui n'appartient qu'à Taylor Swift.

Taillée pour Taylor – Taylor lors d'une émission spéciale In Conversation With, *dans le cadre du Festival du film de Toronto, en 2022.*

RONTO
tiff
Bell
iff
iff
GARI
iff

Are you ready for it ?

Taylor brille souvent de mille feux dans ses tenues. Cela se voit depuis qu'elle a commencé à apparaître sur les tapis rouges et lors des cérémonies de remise de récompenses, et jusqu'à sa célèbre guitare ornée de sequins argentés. Mais lorsqu'elle lance son album *Reputation* en 2017, elle éblouit ses fans avec une garde-robe à la fois rock et guerrière chic. Un nouveau look empreint d'une confiance affûtée et où les scintillements laissent place à des éclats plus métalliques.

Lors des American Music Awards d'octobre 2018, Taylor arbore une robe courte argentée Balmain, conçue par le styliste français Olivier Rousteing. La maison Balmain, dont la première collection sortit un mois après la fin de la Seconde Guerre mondiale, est à présent connue pour son interprétation extrêmement moderne du luxe. Aujourd'hui, les créations Balmain conservent leur faste provocant et transportent encore les femmes qui les portent dans des contrées nouvelles et fabuleuses. L'« armée » de Rousteing est un groupe de passionnées du monde entier, fidèles à la marque de haute-couture. Cette robe moulante réfléchissante, avec ses cuissardes assorties, dégage une autorité et un charisme francs. À cette occasion, Taylor remporte quatre nouveaux American Music Awards, portant le nombre de ses trophées à vingt-trois – un record qu'aucune artiste féminine n'a alors encore battu.

Ci-dessus : *parfaite – Taylor, étincelante, reçoit une récompense pour* Reputation *lors des American Music Awards 2018.*
Ci-contre : *fastueuse et glamour – l'arrivée de Taylor Swift aux American Music Awards 2018.*

AMERICAN MUSIC AWARDS
AMERICAN MUSIC AWARDS
YouTube Music
abc

Encapuchonnée

« C'est ainsi que je crée, et je pense à toutes les femmes, pas à un seul type de femme – à celles qui désirent s'exprimer et exister. »

— **Alexandre Vauthier, *glamour.com*, juillet 2018.**

Avant de fonder sa propre maison de couture en 2008, le styliste français Alexandre Vauthier fut l'assistant de Thierry Mugler puis de Jean-Paul Gaultier. Aux côtés de ces légendes de la mode, il apprit l'art de concevoir des tenues à la fois fortes et élégantes, tout en élaborant son style à lui, un style signature largement plébiscité aujourd'hui. Confectionnées dans des étoffes haute technologie des plus luxueuses, ses créations résolument futuristes évoquent la science-fiction. Elles ne sont pas non plus sans rappeler les années 1980, avec ces silhouettes anguleuses, féminines et assurées d'amazones des podiums.

L'attrait de Taylor pour les tenues chatoyantes atteint son paroxysme avec cette pièce signée Vauthier dans laquelle elle apparaît lors des iHeartradio Music Awards 2023. Cette combinaison moulante à sequins tout-en-un, avec ses bottines intégrées, présente des épaulettes marquées et une basque ondulante. Un ensemble d'apparence complexe mais où rien ne manque, pas même une capuche, que Tay se garde bien de retirer durant l'événement. La capuche est un accessoire porté tout au long du Moyen Âge, de la Renaissance et jusqu'au XIXe siècle, souvent pour se protéger. Aujourd'hui, elle est un élément incontournable du streetwear urbain. Une touche originale et excentrique, sans doute un peu risquée.

Combinaison à capuche – Taylor Swift lors des iHeartradio Music Awards à Los Angeles, le 27 mars 2023.

Pourtant, tandis que Taylor s'avance vers la scène pour recevoir le trophée de la Meilleure chanson de l'année pour « Anti-Hero », elle demeure fidèle à l'image de la star scintillante que tout le monde attend. Son discours est comme toujours empreint de détermination, révélateur d'un état d'esprit audacieux et assuré : « J'ai vraiment à cœur que tout le monde – surtout les jeunes – sache que les centaines ou les milliers d'idées idiotes que j'ai eues sont ce qui m'a permis ensuite d'avoir de bonnes idées. Il faut s'autoriser à échouer. »

Chevalier de la réussite – Tay reçoit le prix iHeartRadio 2023 de la Chanson de l'année.

Le pouvoir des fleurs

« Le styliste que j'adorais plus que tout autre est décédé. **Oscar, ce fut un immense honneur de porter vos créations** et de vous connaître. Toutes mes pensées. »

— Taylor Swift, *Twitter*, octobre 2014.

En 2014, Taylor explique dans *US Weekly* : « Le styliste Oscar de la Renta est mon idole depuis que je suis petite. » Elle ajoute que revêtir une robe unique imaginée par le créateur, c'est « réaliser un rêve ». Elle fait référence à la robe qu'elle a portée lors du Met Gala cette année-là : une merveille d'extravagance Belle Époque créée en hommage au couturier Charles James alors mis à l'honneur. Oscar de la Renta était depuis longtemps considéré comme un prodige de la mode. Adolescent, il fut l'apprenti du couturier espagnol Cristobal Balenciaga, avant de reprendre la marque américaine Jane Derby, en 1965. Lors des Grammy Awards 2021, Taylor Swift se tourne vers les directeurs artistiques Fernando Garcia et Laura Kim, à qui l'on a confié les rênes de la maison après la disparition d'Oscar de la Renta. Elle choisit une robe fraîche et florale, en tulle et à poignets volantés, issue de la collection automne 2021, et l'accessoirise avec des sandales roses à ruban Christian Louboutin.

La maison de couture publia sur Instagram une vidéo dévoilant la confection de la robe, qui cumula près de deux millions de vues. On y voit tout le savoir-faire et la minutie nécessaires pour recouvrir le tissu transparent de ces appliqués botaniques.

Notes florales – Taylor Swift remporte pour la troisième fois le trophée de l'Album de l'année (et est la première femme à avoir cet honneur), Staples Center, mars 2021.

La même technique permit de créer un masque sur mesure assorti, l'événement devant avoir lieu au plus fort de la pandémie mondiale. Taylor n'a pas assisté aux Grammys depuis quatre ans, mais c'est la tenue idéale pour ce grand retour. Et c'est une soirée magistrale puisqu'elle remporte la plus haute récompense, celle de l'Album de l'année pour *Folklore*, devenant ainsi la première femme à la recevoir trois fois.

Ci-dessus : *déesse de la flore – Tay avec son masque fleuri assorti.*
Ci-contre : *Taylor Swift posant lors des 63e Grammy Awards, le 14 mars 2021.*

Épanouie

Les marques de luxe sont relativement répandues de nos jours, mais, pour rester sur le devant de la scène, il faut un argument de vente qui soit moderne et qui raconte une histoire. Même s'il existe des maisons plus anciennes et plus importantes, pour de nombreux spécialistes du monde de la mode, Etro est une maison de couture historique par excellence. Fondée en 1968 en Italie, Etro a convaincu grâce à ses étoffes bohèmes et à ses motifs élégants et indémodables. En 2020, lorsque Taylor est nommée aux Golden Globes pour sa collaboration avec Andrew Lloyd Webber (pour « Beautiful Ghosts », extrait du film inspiré de la légendaire comédie musicale *Cats*), sa tenue Etro s'avère être un choix parfait. Elle apparaît sur le tapis rouge du Beverly Hilton à Los Angeles vêtue d'une robe de soirée sur mesure en jacquard offrant un opulent motif de fleurs jaunes. Associée à des Louboutin en satin bleu marine, voilà une belle et franche déclaration ensoleillée pour un début janvier.

L'amour de Taylor pour les petits félins est légendaire. Finalement, il n'est pas très surprenant qu'elle ait accepté de jouer Bombalurina, le premier rôle du film *Cats*. Lors d'une interview pour *Vogue* en 2019, Taylor confie : « Le tournage de *Cats* a été vraiment sensationnel. C'était bizarre et j'ai adoré. Je savais que je n'aurais jamais d'autre occasion d'apparaître ainsi. »

Ci-dessus : *féline – Tay dans le rôle de Bombalurina dans* Cats, *2019.*
Ci-contre : *Taylor Swift lors des 77e Annual Golden Globe Awards au Beverly Hilton Hotel, le 5 janvier 2020.*

« Trois chats et vous êtes une femme à chats.
Deux chats, c'est chouette ! »

— Taylor Swift, *TikTok*, 2014.

Jeune talent

En 2006, à la sortie de son premier album, Taylor n'a que seize ans. Pour beaucoup, son histoire est un conte de fées. Devenue très tôt star de la country, elle est la « petite fiancée de l'Amérique », adulée par tous, célèbre pour ses boucles blondes, ses robes à fleurs et ses santiags. En 2010, quand sort son troisième album, *Speak Now*, elle a déjà commencé à faire des expériences avec sa garde-robe, qui prend de nouveaux accents, plus chics et plus modernes. Pourtant, quelles que soient les directions qu'elle prend, elle paraît déterminée à ne jamais oublier cette époque où elle était la princesse de Nashville. Un look simple qui, sur elle, semble toujours rester dans le vent chaque fois qu'elle revient vers ses racines.

Lors des 54ᵉ Grammy Awards, en 2012, elle interprète « Mean » – sans doute la chanson la plus country de *Speak Now* – habillée d'une robe fleurie en patchwork, résolument années 1930. De forme simple, cette robe possède un charme tout à fait fonctionnel, typique de la fin de l'entre-deux-guerres, lorsque la crise de 1929 força les couturiers à se montrer plus économes en tirant parti du moindre morceau de tissu, et à réduire leurs prix. Provenant de *Palace Costume*, une célèbre boutique vintage située sur Melrose Avenue à Los Angeles, cette pièce collector permet à Taylor d'introduire un look rétro dans ses tenues de scène tout en évoquant le souvenir de ce sens naissant de la mode qu'elle avait adolescente.

Country chic – Taylor Swift sur scène lors des 54ᵉ Annual Grammy Awards, le 12 février 2012.

Someday
can't hit me.
I'll be big

Amie des fans

« Je veux trouver autant de manières possibles de passer du temps ensemble et de créer des liens. Parce que cela me permet de rester normale et d'avoir le sentiment que ma vie demeure gérable. »

– Taylor Swift, interviewée par Barbara Walters, *ABC*, 2014.

Dans une petite robe à fleurs du styliste mexicain Christian Cota, Taylor passe treize heures avec ses fans lors du CMA Fest, en juin 2010 – un précédent dans sa carrière. Elle ne cessera en effet d'aimer les robes fleuries, de donner d'elle-même et de partager ses pensées avec ses followers, à travers les paroles de ses chansons ou même en personne. Tay échange, soutient, s'implique auprès de ses Swifties. Les membres de la SwiftSoc (nom d'un grand nombre de fan-clubs dédiés à Taylor Swift) de l'université d'York en Grande-Bretagne reçurent un colis surprise de la part de la chanteuse en avril 2022, en remerciement de leur fidélité. Hannah Desmond, alors présidente de l'association, raconta sur la BBC : « J'avoue que j'ai pleuré. Nous étions toutes tellement heureuses. » Il n'est pas rare qu'Andrea, la mère de Taylor, distribue aux fans des pass coulisses lors des concerts de sa fille. Durant la pandémie, Taylor offrit 13 000 dollars chacune à deux femmes qui ne parvenaient plus à payer leur loyer : « J'ai eu connaissance de votre situation en lisant le *Washington Post*, et je me suis dit que vous aviez beaucoup de courage de raconter votre histoire. Je suis vraiment très attristée par tout ce que vous avez enduré cette année et je voulais vous envoyer ce cadeau, entre filles de Nashville. Affectueusement. Taylor. »

Une relation florissante – Taylor à la rencontre de ses fans lors du CMA Fest, en 2010.

ow how
ets bette
this!
Fearless

Quand son album *1989* sort en 2014, Taylor organise des fêtes de prélancement sous la forme d'une série de « secret sessions » auxquels elle invite ses fans. Lors d'une interview au *Late Night with Seth Meyers* en 2021, elle avoue stalker ses fans sur les réseaux : « J'écoute, je rôde en permanence. J'entends leurs opinions et leurs théories. » Et chaque fois qu'elle intervient sur ces plateformes, elle fait le bonheur de ses followers.

Ci-dessus : *Taylor Swift sur scène lors du CMA Fest, en juin 2010.*
Ci-contre : *un message d'amour – Tay Tay envoie un message clair à ses fans lors de son étonnant show-rencontre de treize heures dans le cadre du CMA Fest en 2010.*

Comme une fleur

La mode aime les fleurs. Leurs formes et leurs motifs ont toujours inspiré les grands noms de la couture. Certaines pièces telles que les robes tulipe créées après-guerre par Christian Dior, ou les robes brodées de fleurs de Cristobal Balenciaga des années 1960, ont maintenant leur place dans les musées, où elles sont admirées telles des œuvres d'art. Le thème floral s'est même frayé un chemin dans les défilés les plus avant-gardistes, parmi les créations d'Alexander McQueen ou de Rei Kawakubo, pour ne citer qu'eux.

Si cette présence de la nature dans la mode ne manque jamais d'apporter une touche de charme, la garde-robe de Taylor est un véritable bouquet. En septembre 2013, pour la première de *Roméo et Juliette*, pièce dans laquelle joue son amie Hailee Steinfeld, Taylor choisit une robe patineuse beige sans manches de la styliste libanaise Reem Acra, issue de sa collection été 2010. Établie à New York, Acra est réputée pour ses créations élégantes à destination des femmes. Celle de Taylor présente des motifs floraux autour de la taille et de l'encolure. Associée à des escarpins à bride arrière rose poudré Louboutin, tout en délicatesse elle confère à Taylor des allures de grande dame et un look presque années 1950.

Taylor Swift à la première de Roméo et Juliette *à l'ArcLight Hollywood, le 24 septembre 2013.*

PAUL GIAMATTI
BY ACADEMY AWARD
CARLO CARLEI HAILEE STEINFELD DOUGLAS BOOTH
JULIAN FELLOWES
SWAROVSKI
RELATIVITY

Belle en short

Le short, élément incontournable de la garde-robe de Taylor Swift, possède une longue histoire teintée d'anticonformisme. Amelia Jenks Bloomer, militante pour les droits des femmes et influente rédactrice en chef fondatrice du journal féministe *The Lily* en 1848, défendait avec ferveur l'idée d'une révolution vestimentaire. Elle n'hésitait pas à arborer de longs pantalons larges resserrés aux chevilles, que les Américains appelleront plus tard « *bloomer* » en son honneur. Généralement enfilée sous une robe classique par souci de pudeur, cette culotte bouffante faisait scandale et les femmes qui la portaient étaient tournées en ridicule. Mais Amelia se souciait plutôt des problèmes de santé que posaient les tenues féminines en ce milieu du XIXe siècle : lourdes, incommodes, elles s'avéraient même parfois dangereuses. Souples et infiniment plus confortables, ces culottes devinrent un signe de franche contestation. Dans les années 1960, le vêtement devint plus court que jamais, si bien qu'au début des années 1970 le *Women's Wear Daily* inventa le terme « *hotpants* » pour désigner ces mini-shorts en tissu haut de gamme. Une fois encore, le short devint un symbole de libération féminine. Ceux de Taylor sont naturellement de taille « mini ». En 2019, elle flâne dans New York vêtue d'un joli short fleuri à taille haute BDG Urban Outfitters, avec un sweat à fleurs brillant et des sneakers roses Gucci, composant un look chic et affirmé. On est loin de la culotte bouffante, mais Amelia serait fière

Ci-dessus : *la militante Amelia Bloomer photographiée en « nouvelle tenue vestimentaire » en 1851.*

Ci-contre : *Taylor Swift à Manhattan, le 22 avril 2019.*

Ci-dessus : *Sur scène aux Grammy Awards, Los Angeles, 2013.*
Ci-contre : *Sur scène à Atlanta, Avril 2013.*

Halo lavande

Le clip de « Lavender Haze », issu de l'album *Midnights* sorti en 2023, est un camaïeu de mauves. Les Swifties ne manquent pas de s'y intéresser, à l'affût du moindre indice permettant d'en comprendre la signification. Que veut dire « *lavender haze* » ? Taylor explique elle-même sur Instagram avoir entendu ces mots pour la première fois dans la série télé *Mad Men* : « J'ai fait des recherches parce que j'ai trouvé cette expression sympa et il s'avère qu'elle était couramment utilisée dans les années 1950 pour évoquer simplement le fait d'être amoureux. Si vous étiez dans un "halo lavande", cela voulait dire que l'amour vous faisait voir tout en rose, et j'ai trouvé ça très beau. »

Regardez attentivement le clip et vous verrez bien plus que ce que Taylor nomme « The 1950's shit they want from me » (ces trucs années 1950 qu'ils attendent de moi). C'est un méli-mélo psychédélique de pensées nocturnes tourbillonnantes. Vêtue d'un gilet poilu pervenche et les paupières colorées de la même teinte, Taylor évolue dans une ambiance années 1970 très rétro, avant de s'éloigner sur un nuage aux nuances violettes.

Ci-dessus : *c'est en violet que Tay fait son entrée à la Verizon Wireless and People Party, à Hollywood.*
Ci-contre : *Taylor Swift lors des Billboard Music Awards au MGM Grand Garden Arena, le 1er mai 2019.*

MUSIC AWARDS
MGM GRAN
LAS VEGAS
dcp
dick clark productions
billboar
2019
SIC AWARD
NBC
dcp
k production
MUSIC
MGM GRAND
LAS VEGAS
NBC

Le violet fait référence au passé de Taylor et joue un rôle important dans son « back catalogue » vestimentaire. Depuis son arrivée sous le feu des projecteurs, elle a porté différentes nuances de violet sur les tapis rouges, à la ville et sur scène. Son coup d'éclat est sans doute ce moment qui caractérise sa période *Lover* en 2019, lorsqu'elle se présente aux Billboard Music Awards cette année-là habillée d'une mini-robe à volants lilas des sœurs jumelles Raisa et Vanessa Sason, stylistes turques. Dans un halo lavande ou non, Taylor Swift continue de nous en faire voir de toutes les couleurs.

Ci-dessus : *sur le tapis rouge lors des 50e Grammy Awards au Staples Center, Los Angeles, le 10 février 2008.*

« Merci d’être une alliée
et de ne pas cesser d’utiliser
ta renommée pour la bonne cause.
La représentation a son importance.
ET L’AMOUR L’EMPORTERA
TOUJOURS ! »

– Laith Ashley, *Instagram*, janvier 2023.

Ci-dessus : *Taylor Swift interprète « Love Story » lors des 42ᵉ Country Music Awards au Sommet Center, le 12 novembre 2008.*
Ci-contre : *princesse violette – sur scène lors du Last Rodeo Show de Brooks & Dunn, au MGM Grand Garden Arena, Las Vegas, en 2010.*

Bande à part

« J'ai vraiment adoré le look fée bohème et ses bandeaux à fleurs, **alors pendant deux ans je me suis habillée comme une fée.** »

— Taylor Swift, *tasteofcountry.com*, juin 2013.

Le bandeau a souvent un petit côté charmant et bucolique. Que vous soyez dans le métro new-yorkais ou en randonnée dans les Highlands d'Écosse, cet accessoire vous donne l'impression d'être une vraie Fée Clochette. Il a traversé l'histoire de la mode, évoluant selon l'air du temps. Au bal du lycée dans les années 1950, il était l'apanage des demoiselles sages. Pour les filles plus extravagantes des années 1960, le bandeau permettait de tenir en place leurs immenses chignons choucroute, à l'instar des Ronettes, qui inspirèrent à Amy Winehouse ses coiffures « beehive » et bandeau dans les années 2000. Chez les hippies, il était utile pour tenir leurs ribambelles de fleurs tandis qu'ils arpentaient pieds nus les avenues de San Francisco. Des couturiers tels que Prada et Chanel en ont fait des pièces majeures de leurs collections, tandis que la princesse Diana, Harry Styles et une multitude d'autres célébrités l'ont aussi porté. Mais la reine incontestée du bandeau, c'est Taylor Swift.

À gauche : *féérique – Taylor Swift posant en coulisses lors de la remise du trophée de l'Artiste de la décennie, 44ᵉ Academy of Country Music Awards, le 6 avril 2009 au MGM Grand Garden Arena à Las Vegas.*
Ci-contre : *dans les coulisses du Stephen Sondheim Theater de Broadway, à New York, alors qu'elle assiste à* Beautiful, *comédie musicale à succès racontant la vie de Carole King, le 22 décembre 2014.*

Au fil des années, elle apparaît coiffée de versions à paillettes, à fleurs, pastel ou preppy, qu'elle réussit chaque fois à s'approprier. En 2012, dans le clip de « 22 », de l'album *Red*, elle le pousse à son paroxysme en arborant un joli modèle métallique à oreilles de chat, qui emballe les réseaux sociaux. D'innombrables tutos vidéo voient le jour pour les Swifties enthousiastes, ainsi qu'une cohorte d'imitations. C'est un engouement sans pareil. Et régulièrement, Tay revient à ce style folk. Lors de la sortie d'*Evermore* en 2020, le lead single « Willow » signe le retour du bandeau romantique. Dans le clip, elle porte le modèle « Priscilla Tiara » créé par Jennifer Behr, composé de fleurs peintes à la main ornées de cristaux Swarovski et de perles, et noué avec un ruban. Comme l'écrit Taylor lors de la sortie de l'album, ce fut comme si « nous nous trouvions à la lisière de la forêt du folk et que nous devions faire un choix : faire demi-tour ou pénétrer plus profondément dans cette musique. Nous avons choisi de nous y aventurer ». Un grand moment de mode empreint de toute la magie qu'y mit Taylor.

Petite fée – le bandeau féérique de Taylor, à Londres le 9 mai 2009.

Les duffle défilent

Après une sortie en duffle-coat court jaune vif en décembre 2014, Taylor Swift demande sur Instagram : « Qui le porte le mieux ? » en se comparant à Paddington. Plaçant à côté de sa photo celle du célèbre ours venu du fin fond du Pérou, Tay Tay ajoute que c'est évidemment l'animal qui gagne. Bien que le duffle-coat ait été au départ une pièce centrale du paquetage militaire, confectionné à partir du milieu du XIXe siècle et adopté par la marine britannique, il a depuis gagné ses lettres de noblesse dans le monde de la mode. Dans les années 1950, les beatniks bohèmes de Paris, Londres ou San Francisco en firent un élément contestataire, s'habillant dans les surplus militaires pour écrire, fumer et lire de la poésie. C'est dans ce manteau de laine que Brigitte Bardot incarne en 1960 la libre-penseuse Dominique Marceau dans le film culte *La Vérité*. Taylor Swift a été vue dans bon nombre de modèles au fil des années et dans le monde entier, comme pour opposer un style simple et décontracté aux tenues de scène scintillantes pour lesquelles elle est célèbre.

Ci-dessus : *Brigitte Bardot sur le tournage de* La Vérité, *réalisé par Henri-Georges Clouzot, en mai 1960.*
Ci-contre : *Taylor Swift vue le 25 janvier 2012 à Londres, en Grande-Bretagne.*

Ci-dessus : *Taylor Swift aperçue à l'aéroport d'Heathrow, le 15 novembre 2010.*

Ci-contre : *Taylor à Londres, le 25 janvier 2012.*

Tresses sans stress

À la sortie de *Evermore*, en décembre 2020, la couverture de l'album est scrutée à la loupe par ses fans à la recherche de messages ou d'une signification, comme le sont toutes les publications de Taylor. Il y figure une photo de la chanteuse vue de dos, portant une veste à carreaux Stella McCartney et les cheveux tressés. Sur son compte Instagram, la styliste remarque à l'époque : « Avec Taylor, tout s'est passé le plus naturellement possible. Les pièces que j'ai créées reflètent l'authenticité des émotions qui ressortent de son album. » Le changement de style de Tay a commencé en juillet de cette même année avec la sortie de *Folklore*. Avec ces deux albums, elle se dirige vers un univers plus libéré et plus méditatif, qui transparaît dans ses tenues. L'effet visuel de sa tresse semble réunir l'ensemble des thèmes abordés et, une fois de plus, les réseaux sont inondés de fans tentant de copier cette coiffure plus compliquée qu'il n'y paraît. Le nombre de recherches de « tutos de tresses » explose et un grand nombre de Swifties s'amusent à publier leurs propres versions de la couverture de l'album.

Ci-dessus : *tresses piquées de pâquerettes, Venise, années 1960.*
Ci-contre : *maîtresse de la situation – Taylor Swift faisant son entrée lors des 55e Grammy Awards au Staples Center, le 10 février 2013.*

Les tresses, ou nattes, sont historiquement présentes dans de nombreuses cultures des quatre coins du monde. Les tresses plaquées africaines possédaient traditionnellement des significations tribales. Cléopâtre VII, reine d'Égypte de 51 à 30 av. J.-C., portait certainement une perruque tressée, signe de royauté. Les Amérindiens se tressaient les cheveux (une coutume qui perdure parfois) pour des raisons spirituelles. L'héroïne éponyme de *Hansel et Gretel*, le conte populaire allemand, est généralement représentée avec deux tresses. Taylor Swift a le chic pour les porter à la perfection dans une multitude de styles : du look petite fermière aux tapis rouges, en passant par celui de la cow-girl sur la scène des Grammys, la queue extra-haute tressée associée à des tenues extravagantes ou encore la tresse décoiffée sur le côté pour sortir en ville.

Sur scène lors des 54e Grammy Awards, au Staples Center, le 12 février 2012.

Ci-dessus : *Taylor sortant de Western House (actuelle Wogan House), abritant la BBC à Londres, le 22 octobre 2010.*
Ci-contre : *l'arrivée de Taylor Swift aux Billboard Women in Music 2019, au Hollywood Palladium, le 12 décembre 2019.*

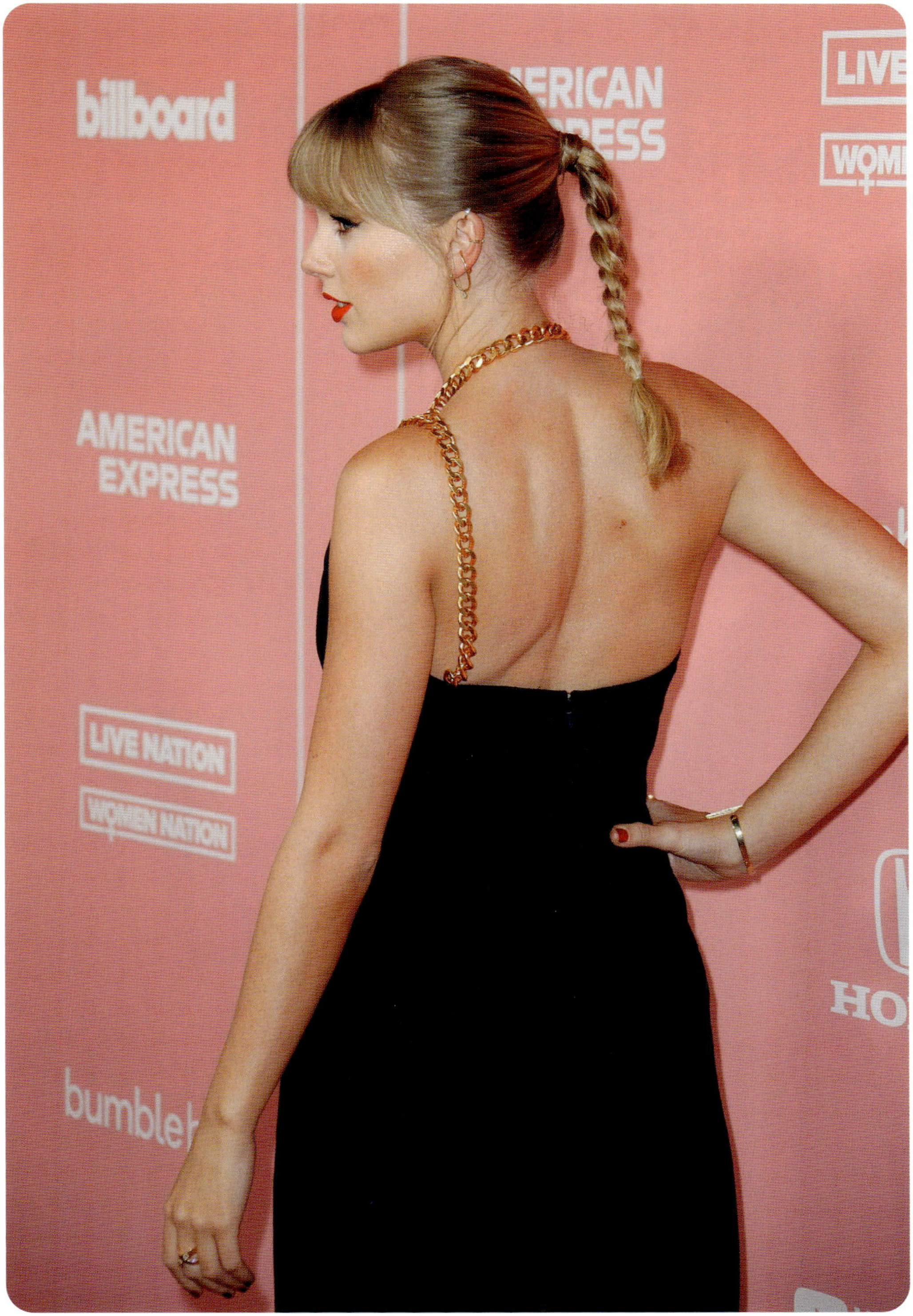
billboard
AMERICAN EXPRESS
LIVE NATION
WOMEN NATION

Un pied devant l'autre

«On n'a jamais assez d'oxfords.»
— Taylor Swift, *Vanity Fair*, décembre 2012.

Dans les années 2000, Taylor connaît une intense période « chaussures oxford ». S'appropriant ce type de richelieus traditionnellement masculins, elle en porte un grand nombre de modèles : avec perforations, à bout droit, à talons... Cette forme classique et rétro a pour elle un côté nostalgique indémodable. Comme son nom l'indique, l'oxford est l'héritière des chaussures que portaient les étudiants de la ville du même nom au milieu du XIXe siècle. Pour identifier une véritable paire, tout est dans les détails. Une oxford n'en est une qu'à la condition de présenter un « laçage fermé », avec des œillets cousus sous l'empeigne, contrairement aux derbies, de forme similaire mais à laçage ouvert et dont les œillets sont cousus sur l'empeigne. Une nuance qu'on ne perçoit pas forcément, mais qu'aucun chausseur ne saurait pardonner en cas d'erreur. Prada, Saint Laurent et Thom Browne ont tous fait défiler leurs versions sur les podiums. Parmi les fabricants traditionnels, citons l'ancienne marque anglaise Church's, rachetée en 1999 par le groupe Prada qui lui aussi adore ces vénérables souliers.

Électrique – sur scène lors des Billboard Awards, en 2013.

Ci-dessus : *Taylor dans le quartier new-yorkais de SoHo.*

Ci-contre : *revisitées – Taylor porte des oxfords dans un style décontracté, en 2014.*

Incontournables bonnets

À la fin des années 2000, Taylor Swift ne sort plus sans son *beanie*. Ce type de bonnet branché est un incontournable de la garde-robe de Taylor. Ses modèles préférés vont de la forme traditionnelle du béret écossais jusqu'au *slouchy* de skater. Ces couvre-chefs ont toujours marqué une volonté de se différencier. Lorsque Coco Chanel ouvrit sa première boutique – un salon de modiste – à Paris en 1910, elle créa des modèles de bérets sport pour changer des grands chapeaux sophistiqués Belle Époque, alors ornés de plumes et de froufrous. Ils connurent un certain succès durant la Première Guerre mondiale, les femmes pouvant s'en confectionner elles-mêmes à la maison avec de vieux vêtements. Dans les années 1920, ils laissèrent la place au chapeau cloche, de forme similaire mais légèrement plus formelle. Les légendaires bonnets de Bob Marley lui servaient à protéger ses dreads. Généralement faits au crochet, ils arboraient les couleurs du rastafarisme : noir, rouge, jaune et vert. Ce type de « beanie », une variante grunge du béret, devint au tournant du XXe siècle un symbole cool et décontracté.

Ci-dessus : *Bob Marley à Hollywood en 1979.*

Ci-contre : *de sortie à New York, le 4 décembre 2012.*

On peut aller jusqu'à comparer ce type de bonnet retombant avec le bonnet phrygien, symbole de liberté que portèrent les révolutionnaires français et américains à la fin du XVIIIe siècle (même si, de nos jours, il nous fait davantage penser à un bonnet de Schtroumpf). Les modèles que choisit Taylor Swift sont l'expression discrète d'un esprit d'indépendance vestimentaire, alliant simplicité, insouciance et amusement – des concepts difficiles à mettre en avant quand on est l'une des chanteuses les plus célèbres au monde.

Ci-dessus : *Taylor Swift se rend au* Late Show with David Letterman *au Ed Sullivan Theater à New York, le 26 octobre 2010.*
Ci-contre : *née coiffée – Taylor dans le quartier de SoHo à New York, le 11 décembre 2014.*

Comme un homme

« J'avais ce syndrome de l'imposteur dans la tête qui me disait : "Non, ne fais pas ça. Il y a d'autres gens qui le font et qui sont allés à l'école pour ça." »

– Taylor Swift, *The Guardian*, juin 2022.

Un coup de maître. Taylor fait ses débuts en tant que réalisatrice avec un court-métrage fondé sur la chanson « All Too Well » récemment réenregistrée en version longue, qui raconte une histoire d'amour avec un homme plus âgé peu estimable. Malgré les doutes de la jeune femme, ce film a tout d'un succès assuré. Non seulement elle brûle les planches, mais elle se présente au festival du film de Tribeca vêtue d'un costume rayé des plus chics. Autant l'histoire que la tenue de Swift rappellent Annie Hall, personnage créatif et légèrement loufoque du film culte éponyme de 1977. Incarnée par Diane Keaton, Annie, la petite-amie d'un homme plus vieux et un peu intimidant, se sépare de lui et gagne progressivement en assurance. Lorsque Keaton apparut sur le grand écran, ses élégantes tenues masculines composites lancèrent la tendance dans le monde entier. C'est avec la même confiance que Taylor s'affiche avec cet ensemble veste-pantalon à fines rayures de la pré-collection automne Max Mara.

Ci-dessus : *Diane Keaton incarne le personnage éponyme de la comédie* Annie Hall, *en 1977.*

Ci-contre : *Taylor Swift vient présenter* All Too Well, *Upper West Side, New York, le 11 juin 2022.*

Le costume rayé serait né à la fin du XIXe siècle dans le milieu ultraconservateur de la banque britannique, où les hommes portaient des chapeaux melons et des costumes réalisés sur mesure par les tailleurs londoniens de Savile Row. Il évoque aussi les gangsters de la Prohibition américaine du début du XXe siècle, comme Al Capone ou Johnny Torrio.

Chez les femmes, ce type de costume était un parti pris audacieux : dans les années 1930, Marlène Dietrich et Katharine Hepburn osèrent le porter régulièrement, l'érigeant en look signature. Aujourd'hui encore, le tailleur-pantalon est synonyme d'ambition et de dynamisme. Le film *All Too Well* de Swift, avec à l'affiche Sadie Sink de *Stranger Things* et Dylan O'Brien de *Teen Wolf* et *Le Labyrinthe*, évoque comme un écho obsédant une période difficile de la vie de Taylor. La présentation, le court-métrage et le costume se conjuguent pour envoyer un message triomphant et montrer au monde qui tient les rênes.

« Je ne crois pas que l’art
et la souffrance
doivent forcément
aller de pair…
Plus je sors des albums, plus
les concevoir, travailler et écrire
des choses devient pour moi
comme une manière
d’aspirer le venin après
une morsure de serpent. »

– Taylor Swift, *The Tonight Show Starring Jimmy Fallon*, octobre 2022.

À pas de velours

L'élégant costume en velours, tel que l'arborèrent les dieux du rock Jimi Hendrix et Mick Jagger, est l'une des meilleures incarnations du style dandy bohème des années 1960. Vêtement issu de l'*establishment*, il fut détourné en élément subversif excentrique, signe de rébellion en cette période d'ivresse psychédélique. Les origines de cette étoffe douce remontent à la Renaissance : à cette époque, elle était portée par les papes et autres membres du clergé, les princes et les aristocrates dont elle dénotait la haute position. Billy Porter contribua à révolutionner le costume en velours avec son emblématique robe-tailleur en velours noir lors des Academy Awards 2019, s'attirant ce soir-là tous les regards. Les fans de vintage vénèrent encore le modèle en velours rouge très années 1970 que Tom Ford, directeur artistique, créa pour le défilé automne-hiver Gucci 1996. Gwyneth Paltrow s'appropria ce look quelques mois plus tard lors des MTV Awards et le revisita lors de la Love Parade Gucci en 2021. En novembre 2021, Taylor lance sa propre tendance velours avec un pantalon et une veste à double boutonnage Etro couleur prune lors de la première de *All Too Well* à New York, avec des bottines à talons aiguilles façon rock star du créateur de chaussures brésilien Alexandre Birman.

Ci-dessus : *la légende du rock Jimi Hendrix vêtu d'un costume en velours bleu pétrole, en 1967.*

Ci-contre : *reine de douceur – Taylor pose en velours lors de la première de son court-métrage* All Too Well *à New York, en novembre 2021.*

Ci-dessus : *tout en velours – New York, novembre 2021.*
Ci-contre : *enthousiaste – New York, novembre 2021.*

En tailleur blanc

Dans l'histoire de la mode, le costume blanc au charme distingué incarne la puissance. Le blanc fut adopté par les suffragettes anglaises et américaines pour se faire remarquer dans la foule tout en se conformant malgré tout à la silhouette conventionnelle de l'époque. À l'aube du XXe siècle, leurs tenues se composaient d'une veste sur mesure et d'une jupe assortie plutôt que d'un pantalon.

En 2019, Alexandria Ocasio-Cortez choisit un tailleur-pantalon blanc pour sa prestation de serment au Congrès américain : « Je porte du blanc aujourd'hui pour rendre hommage aux femmes qui ont ouvert la voie avant moi, et pour toutes les femmes à venir. » Un an plus tard, Kamala Harris opta pour un costume blanc Carolina Herrera pour prononcer son premier discours en tant que vice-présidente des États-Unis. En 1971, Bianca Jagger, reine de l'élégance et militante pour les droits humains, s'habilla elle aussi d'un ensemble blanc pour son mariage avec Mick Jagger, des Rolling Stones, avant de revisiter ce look emblématique lors d'un certain nombre d'apparitions publiques au cours des décennies suivantes.

En haut : *Bianca et Mick Jagger lors de leur cérémonie de mariage à Saint-Tropez, le 12 mai 1971.*

En bas : *Alexandria Ocasio-Cortez, janvier 2019.*

Ci-contre : *immaculée, Taylor Swift arrive aux MTV Video Music Awards au Staples Center, le 6 septembre 2012.*

C'est en 2012 que Taylor s'habille pour la première fois d'un élégant tailleur-pantalon blanc, avec cette version en crêpe de soie de Gilles Mendel, styliste pour J. Mendel. Celui-ci explique à l'époque dans *InStyle* : « Je préparais un tailleur pour cette collection, et elle l'a adoré. Elle n'en avait absolument jamais porté ! » Durant l'après-midi qu'ils passèrent ensemble, Tay avait d'abord choisi un modèle à fleurs, que Mendel recréa en blanc pur, spécialement pour l'arrivée de la chanteuse aux MTV Music Awards à Los Angeles.

Taillé pour Taylor – Tay Tay à Los Angeles pour les MTV Awards 2012.

Femmes à chats

Lors de la cérémonie d'intronisation 2021 du Rock & Roll Hall of Fame, Taylor rend hommage à Carole King, légende de la musique nommée pour la seconde fois, en livrant une interprétation euphorique de « Will You Love Me Tomorrow » de King. Tay se charge également du grand discours d'intronisation, durant lequel elle explique que ses parents lui ont transmis leur amour pour la chanteuse de l'âge d'or des années 1960 : « Ils m'ont enseigné les grands principes de la vie tels qu'ils les voyaient : qu'il faut traiter les gens comme on a envie qu'ils nous traitent, que l'on est capable de réaliser tout ce que l'on veut dans la vie, et que Carole King est la plus grande auteure-compositrice de tous les temps. » En plaisantant, elle ajoute que *Tapestry*, magistral album solo de King, est « un tournant pour tous les êtres humains qui ont des sentiments, et pour les chats qui rêvaient d'apparaître un jour sur la couverture d'un album d'anthologie ».

Carole King n'hésite pas à lui retourner le compliment : « Les textes de Taylor trouvent un écho parmi toutes les générations, ses chansons touchent tout le monde et elle a une résonnance extraordinaire dans le monde entier. »

Ci-dessus *: cliché réalisé lors du shooting de* Tapestry*, un des premiers disques de Carole King, en 1971.*

Ci-contre : *Taylor Swift prononçant son discours lors de la 36e cérémonie d'intronisation du Rock & Roll Hall of Fame, Rocket Mortgage Fieldhouse, Cleveland, le 30 octobre 2021.*

En parlant de chats, la garde-robe de Taylor Swift ce soir-là se compose d'une combinaison à la Catwoman en dentelle noire. Celle-ci a été imaginée par une autre amoureuse des animaux, la styliste Sarah Regensburger, installée en Grande-Bretagne et élue Couturier de l'année 2022 par l'association de défense des droits des animaux PETA. Cette combinaison se superpose à une autre, cette fois or brillant, conçue par l'équipe artistique de Greta Constantine, Kirk Pickersgill et Stephen Wong, basés à Toronto. Une tenue accessoirisée avec des bottines à chaînes dorées Louis Vuitton et parachevée par une veste de costume couvrante Saint Laurent. L'effet d'ensemble est si rock & roll que le Hall of Fame intégra cette tenue à son exposition « Right Here, Right Now », où furent présentés nombre d'autres looks fabuleux, notamment de Harry Styles ou de Lady Gaga.

« Au fil des années, j'ai rencontré de grands auteurs-compositeurs et j'ai connu de grands chanteurs et interprètes. Il est rare de voir tous ces talents réunis chez une seule personne. Taylor Swift. Elle est l'une des rares artistes pop modernes à être l'unique auteure des paroles de ses chansons. Ses textes trouvent un écho parmi toutes les générations, ses chansons touchent tout le monde et elle a une résonance extraordinaire dans le monde entier. »

– Carole King, cérémonie d'intronisation au Rock and Roll Hall of Fame, *Rolling Stone Australia*, octobre 2021.

Ci-dessus : *tant d'amour – Taylor Swift et Carole King ensemble sur scène.*
Ci-contre : *féline – Taylor interprétant un classique de Carole King.*

Que des tubes

Cette combinaison hypnotisante à sequins noirs que Taylor porte en 2016 lors des iHeartRadio Music Awards est issue de la dernière collection d'Hedi Slimane pour Saint Laurent, révélée cet automne-là à Paris. Cette pièce centrale avait été présentée par des mannequins descendant l'élégant escalier tournant de la maison de couture récemment rénovée, située au 24, rue de l'Université, Hôtel de Sénecterre. Il s'agit de l'une des nombreuses créations que Slimane imagina en hommage à la période glorieuse et festive du fondateur Yves Saint Laurent dans les années 1970 et 1980, lorsque ce dernier concevait des robes à associer aux rouges à lèvres les plus brillants et aux collants les plus fins. Véritable triomphe, le défilé rappela l'audace et le chic assumé des moments les plus illustres du grand couturier.

Swift porte cette pièce dynamique exactement comme il était prévu qu'elle le soit, avec des chaussures noires vernies à talons détonantes signées Giuseppe Zanotti, et les cheveux coupés en carré décoiffé.

Ci-dessus : *défilé Sant Laurent A/H 2016, Paris Fashion Week, 7 mars 2016.*
Ci-contre : *discours de remerciement de Taylor Swift lors des iHeartRadio Music Awards, le 3 avril 2016.*

« La décision de faire un album pop n'a pas été prise dans une salle de réunion d'une maison de disques.

Ces décisions ont été prises dans une cuisine avec mes amies et les femmes importantes dans ma vie. »

– Taylor Swift, iHeartRadio Music Awards, avril 2016.

Une tenue qui inspire l'autorité pour une soirée au cours de laquelle Tay rafle quatre des principales récompenses : Artiste féminine de l'année, Album de l'année pour *1989*, Meilleure tournée et (la catégorie la plus drôle) « Meilleur moment mème-able » pour « Crazy Girl with Running Mascara » issu du clip « Blank Space ». Dans ce même clip, Taylor enchaîne les tenues fabuleuses et se moque ouvertement de l'obsession des médias pour sa vie amoureuse, avant d'éliminer son prétendant fictif. Sans pareille, sa combinaison Saint Laurent n'aurait pas déparé parmi cette garde-robe à tomber.

Comme sur un podium – Taylor sur le tapis rouge à Los Angeles lors des iHeartRadio Music Awards 2016.

iHeartRADIO
MUSIC AWARDS 2016
tbs

Sur tous les fronts

Lorsque Taylor Swift devient la première lauréate de la toute nouvelle récompense décernée aux Billboard Music Awards en décembre 2019, celle de la Femme de la décennie, elle profite d'un discours « pas si court » pour revenir en détail sur sa carrière. Évoquant le fait d'être constamment observée, elle insiste sur ce point : « Nous ne devrions pas laisser des obstacles tels que les critiques freiner le processus créatif qui nous fait avancer. » Durant les dix années en question, Taylor a effectivement parcouru du chemin. Elle profite également de sa mise en lumière ce soir-là pour expliquer son ressenti en tant que femme dans le milieu musical. Précisant qu'elle n'est pas la seule, elle cite toute une liste de « femmes exceptionnelles » ayant également marqué les années 2010, dont Lizzo, Billie Eilish et Dua Lipa. « La pression qui aurait pu nous écraser a au contraire fait de nous des diamants... Mais il faut continuer de lutter pour que les femmes aient leur place dans les studios d'enregistrement, derrière la table de mixage, lors des réunions A&R, parce qu'au lieu de se battre pour être prises au sérieux dans leurs domaines respectifs, ces femmes en sont encore à batailler pour avoir ne serait-ce que la chance d'être présentes dans la pièce. » Puis elle porte nombre de récriminations contre la vente de son back catalogue à Scooter Braun en juin de cette même année.

Taylor Swift reçoit le tout premier trophée du magazine Billboard *récompensant la Femme de la décennie, à l'occasion des Billboard Women in Music 2019, au Hollywood Paladium, le 12 décembre 2019.*

« C'est durant cette décennie que j'ai décidé d'être un miroir face à mes détracteurs. Dès qu'ils me disaient incapable de faire une chose, c'était exactement ce que je décidais de faire. »

– Taylor Swift sacrée Femme de la décennie par le magazine *Billboard*, décembre 2019.

Elle conclut en disant que, pour elle, les années 2010 ont été « une décennie de bonheur, de liberté, de confusion, parfois de solitude, mais dans l'ensemble magnifique ».

C'est sa soirée, et pour l'occasion elle a opté pour une tenue tout à fait appropriée, bien qu'un peu inattendue : une combinaison bleu marine à chaînes dorées de la pré-collection printemps 2020 de l'une de ses maisons de couture préférées, Oscar de la Renta. Elle aurait pu mettre l'accent sur la fantaisie, mais comme pour chacun de ses choix vestimentaires, celui-ci est pour elle un moyen supplémentaire d'exprimer sa pensée, de dégager confiance et assurance, et cela tout en discrétion pour ne pas détourner l'attention de son message.

Élue Femme de la décennie par le magazine Billboard *– Taylor Swift.*

Bien entourée

« Elle est un exemple.
Je ne crois pas que ce soit quelque chose que l'on décide.
C'est quelque chose que l'on a en soi,
et je pense que c'est le cas de Taylor. »

– Selena Gomez, iHeartRadio Music Awards, 2023.

Nommée quatorze fois aux Billboard Awards 2015 (y compris dans les catégories Meilleur artiste et Meilleure artiste féminine), Taylor rafle pas moins de huit récompenses. Avec 11,1 millions de téléspectateurs, on lui aurait aisément pardonné de vouloir savourer un peu la lumière des projecteurs. Tay semble s'être bien amusée lorsqu'elle a sorti le clip de « Bad Blood », en arborant un petit sac à main « Bad Blood », au cas où quelqu'un aurait raté l'information. Pourtant, c'est son groupe de proches et le soutien que cela lui apporte que le clip met à l'honneur. Parmi ces personnes, certaines de ses meilleures amies, comme Selena Gomez et Karlie Kloss, ainsi qu'un cortège de femmes sublimes, allant de la top model Cindy Crawford à l'actrice d'*Empire* Serayah.

Ce passage sur le tapis rouge est une vraie fête pour ses amies venues l'encourager, au nombre desquelles Zendaya et Lily Aldridge, qu'elle enlace. Pour cette soirée, Taylor est habillée d'une combinaison blanche à découpes signée Olivier Rousteing pour Balmain, issue de sa collection été 2015. Cette tenue souligne le rôle-clé de Taylor parmi la « Balmain Army ».

L'arrivée de Taylor aux Billboard Music Awards 2015.

Dans une interview pour *Allure*, Rousteing révèle que cette armée est une équipe féroce : « Mes filles adorent parce qu'elles se battent chaque jour pour être ce qu'elles sont et pour être respectées pour ce qu'elles font, et dans la mode il faut parfois mener des combats et des révolutions pour faire changer les choses. » Ce soutien a son importance quand le monde vous regarde. Un cercle de personnes de confiance est un atout indiscutable.

L'arrivée de Zendaya, Hailee Steinfeld, Taylor Swift, Lily Aldridge et Martha Hunt aux Billboard Music Awards 2015, au MGM Grand Garden Arena à Las Vegas, le 17 mai 2015.

« Je suis affalée sur son canapé
tandis qu'elle commence à se coiffer
et à se maquiller, et l'instant d'après
je suis dans la foule. Je me dis :
"Nous sommes toutes
les deux en train de chiller.
Comment d'un coup
je me retrouve un peu
pompette à danser
à ton concert, et toi là-haut
en combinaison scintillante ?"
C'est un double aspect intéressant
à vivre dans une amitié, parce que
je l'aime et je l'adore en tant qu'amie.
Mais je suis aussi
sa plus grande fan. »

– Gigi Hadid, *Variety*, 2019.

Superbe

En mai 2006, Taylor Swift fait l'une de ses toutes premières apparitions sur le tapis rouge vêtue d'une robe Max Azria très « B. C. B. G. » – sigle qui signifie « bon chic bon genre ». Âgée de seulement seize ans à l'époque, elle conjugue pourtant déjà le chic et le genre ! Bien sûr, elle n'est pas une adolescente comme les autres. Deux ans plus tôt, elle a quitté la Pennsylvanie pour Hendersonville, dans le Tennessee, et aurait appris seule à jouer de la guitare en s'essayant sur une musique des Dixie Chicks, un groupe de country texan plus tard rebaptisé The Chicks. La robe qu'elle choisit pour les 41e ACM Awards a un petit côté folk parfait pour l'occasion. Composée d'un patchwork bohème, elle est féminine tout en restant sans prétention, en comparaison aux tenues country typiquement ornées de strass – un style tout à fait adapté à l'âge et au profil de Tay Tay.

Avec sa forme « mouchoir », cette robe impeccable et sans chichis incarne bien le style à la fois contemporain et décontracté d'Azria. La maison, fondée en 1989 et dirigée par son fondateur Max jusqu'à son départ en 2016, a fait ses débuts en 1996 dans les défilés new-yorkais.

Avec la fraîcheur de ses seize ans, Taylor Swift arrive aux 41e Annual Academy of Country Music Awards, au MGM Grand Garden Arena à Las Vegas, le 23 mai 2006.

MGM GRAND
LAS VEGAS
ACADEMY
of COUNTRY MUSIC
awards

Après avoir quitté Paris pour s'implanter à Los Angeles, elle s'est alors aussitôt imposée comme une marque d'inspiration américaine. Taylor accessoirise légèrement la tenue avec ce qui deviendra sa première touche stylistique personnelle – ces santiags brun doré – comme un mini-manifeste vestimentaire pour les années à venir. L'image de Taylor en ce début de carrière reflète l'atmosphère de sa chanson de rupture « Tim McGraw », sortie en juin 2006 et qui s'érigea à la sixième place des Hot Country Charts. Cette année marque un tournant pour l'artiste. En octobre, elle sort son album éponyme, qui contient ses cinq premiers singles. En juin 2007, l'album est devenu disque de platine : il s'est vendu à plus d'un million d'exemplaires.

Bien dans ses bottes – Taylor, seize ans, chaussée pour fouler le tapis rouge.

Les dessous du succès

Le deuxième album studio de Taylor Swift, *Fearless*, sort en novembre 2008, puis une seconde fois en avril 2021 (*Taylor's Version*). Il va sans dire que l'artiste a connu une multitude de styles dans l'intervalle. En 2008, T-Swizzle est une chanteuse en herbe. Alors qu'elle n'a pas encore fêté son dix-neuvième anniversaire, elle découvre le charme des robes-nuisettes à franges ainsi que les robes à encolures asymétriques, et s'amuse avec la tendance « lingerie apparente ». Dans les années 1920, les jeunes femmes pétillantes de la « génération Gatsby » qui dansaient sur les toits des taxis tout en dilapidant leurs héritages dans la boisson firent de leurs nuisettes étroites un vêtement destiné à provoquer. En 2008, alors que la garde-robe de Taylor déborde de pièces de lingerie de créateurs destinées aux tapis rouges, la tendance a, comme la plupart des modes, transcendé son statut rebelle et s'est muée en un look familier gentiment luxueux. Moins audacieux, plus apaisé et convenant parfaitement aux grandes occasions.

Taylor Swift sur scène durant sa tournée Fearless, *Madison Square Garden, le 27 août 2009.*

13

Lorsque Taylor sort sa propre version de *Fearless*, elle explique sur Instagram qu'il s'agit « d'un album plein de magie et de curiosité, bonheur suprême et malheur de la jeunesse ». Retrouvant le style vestimentaire de sa jeunesse, elle arbore un soutien-gorge blanc étincelant et une jupe longue signée Miu Miu pour venir chercher son Global Icon Award lors de la cérémonie des Brit Awards un mois plus tard.

Ci-dessus : *avant et après – Taylor en 2021, recevant son Global Icon Award lors des Brit Awards à Londres.*
Ci-contre *: de la misère à la richesse – l'arrivée de Tay à la première mondiale de* Comme Cendrillon 2 *à Los Angeles, le 14 septembre 2008.*

Ci-dessus : *deuxième jour de Stagecoach, festival californien de musique country, Empire Polo Field, Indio, le 3 mai 2008.*
Ci-contre : *lors de la Clive Davis pre-Grammy Party 2008 au Beverly Hilton Hotel, Los Angeles, le 9 février 2008.*

Enchantée

Speak Now sort en octobre 2010. Forte du succès de *Fearless*, Taylor écrit elle-même l'ensemble des chansons de ce troisième album studio. C'est aussi le premier album depuis ses vingt ans qui s'accompagne d'une tournée. *Speak Now* conserve encore cette aura de conte de fées, mais on constate une nette évolution dans ses tenues de scène et de gala. Sa garde-robe grandit avec elle, avec des pièces dégageant davantage de glamour et de confiance en soi. Sur la couverture de l'album, la jeune femme rend hommage à l'une de ses stylistes préférées, avec une robe magenta Reem Acra printemps-été 2007. L'image de couverture a été retravaillée numériquement pour créer un rendu « peinture à l'huile ». La robe de mousseline s'avère pour cela un choix parfait, évoquant ces toilettes Belle Époque que le peintre John Singer Sargent et ses contemporains auraient pu représenter dans leurs tableaux. Swift fait aussi appel à Valentino pour sa tournée, avec une création fin d'été 2020 : elle revêt une longue robe beige à sequins pour chanter l'une des chansons incontournables de l'album *Fearless*, « Love Story », telle une Juliette à son balcon volant au-dessus du public.

Ralph Lauren, Taylor Swift et Ricky Lauren au Met Gala 2010.

En vraie princesse Disney, elle redescend sur scène, puis monte un escalier en retenant sa robe pour laisser admirer sa silhouette gracieuse. Pour le plus grand rendez-vous mode de l'année – le gala du Metropolitan Museum of Art – Taylor réaffirme ses partis pris romantiques et oniriques avec une longue robe à volants en crêpe crème laissant les épaules nues, du plus américain des stylistes, Ralph Lauren.

L'eau et le feu – Taylor Swift et James Taylor sur scène lors de la tournée mondiale de Speak Now, *Madison Square Garden, le 22 novembre 2011.*

Incandescente

« Je me réapproprie mon album *Red*,
mais il a toujours été nôtre. C'est un recommencement. »
– Taylor Swift, *Twitter*, le 12 novembre 2021.

Taylor se mue en Reine rouge pour la sortie de *Red* en octobre 2012. Telle une Sandra Dee du XXIe siècle, elle s'affiche régulièrement en tenues rouges d'inspiration vintage, les cheveux et la frange lissés à la mode rétro. « Mes vingt-deux ans ont été la plus belle année de ma vie. J'aime le fait de continuer d'apprendre, mais d'en savoir assez malgré tout. On ne sait rien, mais on en a conscience », confie-t-elle au magazine *Billboard* quelques jours après la sortie de l'album.

Outre ses explosions écarlates, Taylor expérimente le noir avec un pantalon Saint Laurent et des bottines Jimmy Choo, pour un style plus adulte. Associés à un perfecto en lurex rouge de la marque parisienne IRO, voilà un ensemble suffisamment fort pour interpréter ses désormais emblématiques « I Knew You Were Trouble » et « We Are Never Ever Getting Back Together » lors de la Saint Sylvestre 2012 sur Times Square. La marque IRO s'inspire ouvertement de la « scène rock américaine » des années 1970 et 1980, et est « animée du désir de constituer une garde-robe simple et audacieuse composée comme une bande sonore ». Peut-on imaginer plus approprié ? Le rouge à lèvres rubis devient la signature de Taylor, sur scène et au quotidien.

Ci-dessus : *Madame Loyale, concert dans le New Jersey, 2013.*
Ci-contre : *Taylor Swift pose dans les coulisses lors du iHeartRadio Music Festival 2012, au MGM Grand Garden Arena à Las Vegas, le 22 septembre 2012.*

iHeart RADIO
iHeart RADIO
iHeart RADIO
iHeart RADIO
iHeart RADIO
iHeart RADIO
iHeart RADIO
iHeart RADIO
iHeart RADIO

Durant sa tournée, elle endosse une veste de cirque à sequins rouges pour son intermède théâtral, et au Madison Square Jingle Bell Ball un short cerise à taille haute associé à des tennis Keds argentées. L'esthétique de la version réactualisée de *Red* est plus automnale et moins rougeoyante. Ses vibrations vintage tendent davantage vers un esprit années 1970 que vers le style « bad girl » des années 1950 de l'album original. Cela transparaît notamment sur la couverture de l'album, sur laquelle elle porte une casquette de marin couleur rouille de la créatrice Janessa Leone, ainsi qu'un manteau camel signé Stella McCartney.

Avant la sortie de *Red (Taylor's Version)* et de ses 30 chansons en novembre 2021, Taylor a commencé à l'annoncer dans son tout premier reel Instagram, où on aperçoit une garde-robe rouge vif et quelques images furtives de la bague argentée incluse dans le merch de *Red*, étincelante sur ses doigts vernis de rouge cerise.

Une belle fin d'année – Taylor sur scène pour la Saint-Sylvestre, Times Square, 2012.

Ci-dessus : *Taylor lors du lancement des illuminations de Noël au centre commercial Westfield, Londres, 2012.*
Ci-contre : *lors du Z100's Jingle Ball 2012, Madison Square Garden, le 7 décembre 2012.*

Le style avant tout

« Il y a une chose que vous devez savoir sur moi avant que nous commencions : je suis née en 1989. »

– Taylor Swift sur scène, *1989 World Tour Live*, décembre 2015.

En août 2014, alors en live sur Yahoo ! et ABC à New York, Taylor annonce à ses fans qu'elle est en train de concocter son premier « album pop officiel » et qu'elle se « réveille chaque matin avec non pas le désir mais le besoin d'adopter un nouveau style musical ». Ainsi, quand Swift chausse des lunettes de soleil en plastique flashy pour chanter « Welcome to New York » (le morceau d'ouverture de son album et de ses concerts *1989*), elle donne le ton d'une nouvelle ère. Elle arbore aussi un bomber Libertine vert océan orné de sequins brillants signé Johnson Hartig, créateur de Los Angeles dont la maison incarne décontraction et espièglerie. Tout cela s'inscrit dans un nouveau look pop. Pour coller à ses chansons rétro-synthé, elle enchaîne les tenues brillantes et colorées indiscutablement années 1980.

Sur scène à Chicago, durant la tournée 1989 World Tour, *juillet 2015.*

Ci-dessus : *concert live à Vancouver, 2015.*
Ci-contre : *le* 1989 *World Tour, Pittsburgh, 2015.*

Lors des Grammys 2016, Taylor fait son entrée sur le tapis rouge dans une tenue vive color block associant un top bandeau mandarine sur mesure signé Atelier Versace, et une jupe extra-longue en satin rose flashy, ouverte sur le devant et laissant voir une culotte taille haute assortie. Donatella Versace, architecte de cette explosion bubble-gum et créatrice de nombreuses compositions très années 1980, révèle au *Hollywood Reporter* : « [Taylor] voulait un look jeune, frais et sexy, à son image, reflétant parfaitement ce qu'elle est. Ça a été un plaisir de lui créer cette tenue. » Et la célèbre styliste italienne d'ajouter : « J'adore jouer avec la couleur sur le tapis rouge. À mes yeux, elle est primordiale pour saisir le caractère et la puissance d'une femme. »

En faisant son entrée ce soir-là, Taylor confirme son statut de nouvelle reine de la pop, avant de remporter comme attendu le trophée du Meilleur clip, du Meilleur album vocal pop et de l'Album de l'année.

Fraîche comme une rose – Taylor Swift aux 58e Grammy Awards, Los Angeles, le 15 février 2016.

AWARDS
GRAMMY AW
GRAMM
AWARDS
GRAMMY

Charmeuse de serpents

« C'est bizarre, parce que dans les pires moments de ma carrière – et de ma réputation, si j'ose dire – , **j'ai vécu certains de mes plus beaux moments.** »

– Taylor Swift, *Rolling Stone*, 2019.

En mai 2016, Taylor confie à *Vogue* : « Je vais vivre un peu ma vie sans avoir sur les épaules cette pression de créer quelque chose. » Apparaissant sur la couverture du magazine avec une nouvelle coiffure blond platine décoloré et une robe-nuisette vaporeuse Saint Laurent, elle prend un tout nouveau virage. Le même mois, pour coprésider le bal du Met avec l'acteur Idris Elba, elle choisit une robe patineuse échancrée noir et argent ainsi que des spartiates à talons aiguilles Louis Vuitton, imaginées autour du thème de l'exposition de l'Institut, « Manus x Machina : la mode à l'ère de la technologie ». Elle surnomme alors sa tenue « Blondrillon », explique-t-elle un peu honteuse. Pourtant, si cette peau de serpent punk cybernétique et ces lèvres noires gothiques composent un univers résolument sombre, ils démontrent une certaine pertinence. Taylor traverse une période difficile, atteinte par l'animosité qui entoure sa très publique querelle avec Kanye West et par un déferlement de haine sur les réseaux sociaux, qui l'ont incitée à disparaître des radars pour reprendre des forces. Mais elle reprend le combat, son sens de l'humour intact, avec un album musclé, *Reputation*, prêt à sortir.

Taylor Swift se rend au gala « Manus x Machina : la mode à l'ère de la technologie » au Metropolitan Museum of Art, New York, le 2 mai 2016.

Durant la tournée, elle monte encore le ton et ses tenues deviennent plus féroces que jamais, tout en conservant sa touche personnelle. Alors qu'elle dévoile sur Instagram quelques aperçus des costumes de sa tournée, elle déclare : « J'adore quand ça brille, et je l'assume ! »

Le ton est léger, mais elle est sérieuse. En combi courte Jessica Jones ornée de sequins noir corbeau et de broderies dorées scintillantes, et chaussée de cuissardes Louboutin, elle livre une éclatante démonstration de courage et de réaffirmation.

Ci-dessus : *effrontée – Tay Tay en concert live à l'Optus Stadium, Perth, le 19 octobre 2018.*
Ci-contre : *face sombre – sur la scène du Tokyo Dome, au Japon, le 21 novembre 2018.*

Lover girl

Les couleurs pastel sont porteuses de tout un ensemble de connotations culturelles. Leur douceur est considérée comme féminine et associée aux fleurs printanières, symbolisant ainsi croissance et recommencement. Mais les teintes douces que Taylor choisit pour la sortie de *Lover* s'inscrivent dans une célébration de la mode qui dépasse de loin ces gentils sentiments. C'est un superbe volte-face stylistique après la période noire et orageuse de *Reputation*, qu'elle révèle avec audace lors des iHeartRadio Music Awards 2019 – un mois avant la sortie de son album *Lover*. Tant ses chansons que ses tenues respirent le regain de confiance d'un jour de printemps ensoleillé : c'est une aube nouvelle, un jour nouveau. La tenue qu'elle porte sur le tapis rouge est un combishort à sequins chatoyants effet technicolor de la créatrice britannique Rosa Bloom, associé à des talons aiguilles argent – ornés de papillons sur les talons – imaginés par la créatrice des stars Sophia Webster. La touche finale : le bout des mèches de sa queue de cheval est teint en rose.

La couverture et les clichés promotionnels de l'album sont signés de la photographe Valheria Rocha, qui remplit à la perfection le nouveau cahier des charges de la chanteuse, comme elle l'explique pour *billboard.com* : « J'ai toujours vu les choses à travers un filtre très scintillant, irisé, rose et pastel, avec des étoiles, des cœurs et des licornes. »

L'arrivée de Taylor Swift aux iHeartRadio Music Awards 2019, le 14 mars 2019.

De son côté, Taylor Swift confie à *Entertainment Weekly* s'être une nouvelle fois inspirée des Chicks, qui ont collaboré avec elle sur « Soon You'll Get Better » : « J'ai été très inspirée par l'album *Fly* et son esthétique. Je me suis mise à penser en grand, vous voyez, je me suis dit : quand on fait un album, on peut choisir l'intégralité du visuel, la palette de couleurs, l'esthétique, le symbolisme, l'imagerie et les histoires sous-jacentes. On peut vraiment faire d'un album une expérience si on en a envie. » L'aventure de *Lover* va même plus loin, se complétant d'une ligne de vêtements cocréée par son amie styliste Stella McCartney, dont elle cite le nom dans « London Boy ». Cette ligne en édition limitée est une mini-collection onirique de chemises, vestes et sacs conçus de façon durable, déclinés dans un arc-en-ciel de roses, bleus et jaunes pastel. Le plaisir que Taylor retire de ce projet se ressent dans ce post Instagram daté d'août 2019 : « Je me suis TELLEMENT amusée à concevoir/rêver de jolies choses avec mon amie @stellamccartney pour créer une ligne inspirée de mon nouvel album… Je suis impatiente de vous montrer ce sur quoi nous avons travaillé. »

Comme dans un rêve – les sequins réfléchissants de la tenue de Taylor brillent de mille feux sur le tapis rouge.

iHeart
RADIO
iHeart

Artiste aux pieds ailés – Taylor Swift chaussée de papillons.

« L'une des choses
dont j'ai vraiment peur
serait que les papillons,
les rêves et l'amour,
toutes ces choses
qui me sont si chères,
disparaissent.
Je n'ai jamais eu
de relation
qui dure toujours.
Je n'ai connu que des relations
qui commencent et qui se terminent. »

– Taylor Swift, *The Guardian*, 2012.

Création en duo

Durant la pandémie de Covid-19, les gens n'ont guère d'autre choix que de rester chez eux et d'essayer de garder leur calme. Taylor fait de même, mais, en tant que musicienne dont l'œuvre est gouvernée par une histoire personnelle, elle doit porter son regard au-delà de sa situation individuelle pour composer en ces temps d'immobilisme. Son huitième album studio, *Folklore*, sort en juillet de cette année : au lieu de relater sa propre vie, Tay imagine plein d'histoires autour de personnages fictifs. Sa garde-robe est alors pensée pour évoquer des images simples à la fois champêtres et élégantes, de couturières artisanales, de bûcherons et de vastes prairies. Pour recevoir l'Icon Award décerné en décembre lors de la cérémonie en ligne des Virgin Atlantic Attitude Awards, Taylor apparaît sur les écrans vêtue d'un pull en mohair rayé aux tons automnaux, très peu maquillée et les cheveux attachés. On est loin des tenues de gala auxquelles ses fans étaient habitués, mais ce style cocooning réconfortant s'accorde bien avec la situation d'alors. Lorsque, ce même mois, sort *Evermore*, petit frère de l'album *Folklore*, Tay n'a pas besoin de modifier sa garde-robe et conserve ce style confortable très « cabane dans les bois », simple, rustique et cosy.

Ci-dessus : *capture d'écran réalisée durant la diffusion des Virgin Atlantic Attitude Awards, le 1er décembre 2020.*

Ci-contre : *Taylor sur scène lors des 63e Grammy Awards, le 14 mars 2021.*

Cette fois pourtant, elle se tourne vers une amie, la styliste britannique Stella McCartney, pour développer tout le potentiel folk de cet univers. Comme l'explique Taylor : « Stella est si créative ! Je lui ai dit que j'avais un projet secret et elle a conçu des vêtements exactement comme je les avais imaginés. Je suis allée à son bureau, les ai récupérés et les ai rapportés dans les bois ! » Le manteau d'hiver en laine écossaise qu'elle porte sur la couverture de l'album *Evermore* fait partie des créations de Stella. Pour la styliste, cette collaboration fut « un moment rare de chaleur et de fluidité, à une époque où l'amitié est plus importante que jamais ».

« Quand on connaît bien une personne, il est plus facile de créer pour elle. Avec Taylor, tout s'est passé le plus naturellement possible. Les pièces que j'ai conçues reflètent l'authenticité des émotions qui ressortent de son album. Le fait de m'associer à la création d'une amie est une occasion rare et précieuse, c'est un moment exceptionnel. »

– Stella McCartney, *Instagram*, 2020.

Attraction stellaire

Pétillante d'énergie après l'annonce de la sortie de son album *Midnights* lors des MTV Vidéo Music Awards 2022, Taylor se change pour revêtir un combishort Moschino créé sur mesure par Jeremy Scott pour l'after organisé au *Fleur Room* à New York. La tenue en satin bleu lapis-lazuli comprend un bustier orné d'étoiles en strass et est associée à des sandales compensées Alexander McQueen, d'une brillance inégalable, ainsi qu'à un boléro en fausse fourrure. Un look de diva disco des années 1970 qui n'aurait pas déparé sur la piste de danse du légendaire nightclub de Steve Rubell et Ian Schrager, le *Studio 54*. Avec cette seconde tenue exceptionnelle de la soirée, Taylor s'impose comme une femme qui sait ce qu'elle veut.

Tandis qu'elle se déhanche sous les spotlights, son Instagram s'enrichit à minuit pile d'un teaser évoquant l'agitation tourmentée des « treize nuits sans sommeil » qui forment l'histoire de son nouvel album. Elle présente en avant-première des clichés qui dévoilent une ombre à paupières bleu saphir contrastant avec un intérieur beige et créant une atmosphère ténébreuse. Un mois plus tard, Taylor publie une série de vidéos sur TikTok, qu'elle baptise *Midnights Mayhem With Me*.

Vêtue d'un combishort bleu à étoiles argentées et d'une veste en fausse fourrure, Tay Tay fait son entrée à l'after des Republic Records MTV VMA au Fleur Room, le 29 août 2022.

Sur un fond de musique d'ambiance d'ascenseur, elle utilise un boulier à bingo pour choisir au hasard des boules numérotées, correspondant chacune à une chanson du nouvel album. À chaque numéro que la cage recrache, elle annonce le titre de la chanson. Le premier titre révélé selon cette méthode amusante et étonnamment théâtrale est « Mastermind » : tout à fait pertinent pour décrire ce nouvel exemple de maîtrise de tous les médias existants.

La tournée qui s'ensuit, nommée *The Eras Tour*, célèbre non seulement son disque *Midnights* mais aussi, comme son nom l'indique, l'ensemble des « ères », c'est-à-dire des périodes, que Taylor a jusqu'alors traversées. En référence aux différents stades de son évolution stylistique, elle change plusieurs fois de costume de scène et revêt à chaque fois une tenue en accord avec les chansons de ses albums réenregistrés. De la maxi-robe traditionnelle à volants signée Alberta Ferretti à la robe de fermière de conte de fées abricot de la maison Etro, en passant par un body irisé Versace et un corset scintillant à franges sur mesure conçu par Oscar de la Renta, toutes les facettes de Taylor défilent ainsi fièrement entre les rangées de fans fébriles.

« Cette tournée constitue
un moment charnière
dans la carrière de Taylor,
parce qu'elle l'a conçue et construite
comme un voyage à travers
les différents moments ou,
comme son nom le suggère,
les différentes ères musicales
qui ont marqué son parcours…
Je suis honorée qu'elle m'ait
demandé de créer des robes
pour cet événement
exceptionnel.
J'ai toujours été fascinée par les femmes
qui se remettent constamment
en question et qui s'imposent des défis,
et Taylor, à travers son travail, a démontré
qu'elle était une artiste à multiples
facettes, capable de se transformer
et d'évoluer en permanence. »

– Alberta Ferretti, *Harper's Bazaar*, mars 2023.

Ci-dessus : *Tay Tay sur scène à Glendale, dans l'Arizona, ville renommée « Swift City » en son honneur lorsque la tournée* Eras Tour *s'y arrêta, le 18 mars 2023.*

Ci-contre : *l'une des nombreuses tenues de Taylor durant son concert à Glendale, Arizona, le 17 mars 2023.*

« "Style" est une chanson que j'ai écrite en observant les tendances vestimentaires et culturelles

et en constatant qu'il y a certaines choses qui demeurent. Par exemple, vous oubliez votre petite robe noire pendant un temps, mais vous finissez toujours par y revenir. Personne ne dira non plus : "Oh, le rouge à lèvres, c'est passé de mode depuis deux ans."

Il y a des choses
intemporelles,
et j'ai commencé
à considérer cette idée
sous l'angle des sensations...
Il y a des gens qui entrent et qui sortent
de votre vie, un peu comme
une tendance qui ne cesse de revenir
et ne passe jamais vraiment.
Voilà l'inspiration derrière
cette chanson. »

– Taylor Swift, *Glamour*, 2015.

Crédits photographiques

Couverture : Nancy Kaszerman/ZUMA/Alamy Stock Photo
p. 2 : Casey Flanigan/imageSPACE/Alamy Stock Photo
p. 9 : Axelle/Bauer-Griffin/FilmMagic/Getty Images
p. 11 : Nancy Kaszerman/ZUMA/Alamy Stock Photo
p. 13 : Sthanlee B. Mirador/Sipa USA/Alamy Stock Photo
p. 16 : Rolf Vennenbernd/dpa/Alamy Stock Photo
p. 17 : David Niviere/ABACAPRESS/Alamy Stock Photo
p. 19 : Dave Hogan/MTV/Getty Images Entertainment
p. 21 : Terry Wyatt/Getty Images Entertainment
p. 23 : Terry Wyatt/Getty Images Entertainment
p. 25 : Evan Agostini/Invision/Alamy Stock Photo
p. 26 : Kevin Winter/Getty Images Entertainment
p. 27 : Media Punch/Alamy Stock Photo
p. 29 : Kevin Mazur/Getty Images
p. 31 : Jeff Kravitz/FilmMagic/Getty Images
p. 33 : Francis Specker/CBS Photo Archive/Getty Images
p. 34 : Robert Gauthier/Los Angeles Times/Getty Images
p. 35 : Jordan Strauss/Alamy Stock Photo
p. 36 : Ron Harvey/Alamy Stock Photo
p. 37 : George Pimentel/WireImage/Getty Images
p. 39 : John Shearer/WireImage/Getty Images
p. 41 : WENN/Alamy Stock Photo
p. 42 : WENN/Alamy Stock Photo
p. 43 : WENN/Alamy Stock Photo
p. 45 : WENN/Alamy Stock Photo
p. 46 : Chronicle/Alamy Stock Photo
p. 47 : Robert Kamau/GC Images/Getty Images
p. 48 : John Shearer/Alamy Stock Photo
p. 49 : Hoo-Me/SMG/Alamy Stock Photo
p. 50 : Jerome Ware/ZUMA/Alamy Stock Photo
p. 51 : Daniel Torok/Patrick McMullan/Getty Images
p. 52 : Chris Pizzello/Alamy Stock Photo
p. 54 : JOHN SOMMERS II/Alamy Stock Photo
p. 55 : Matt Sayles/Alamy Stock Photo
p. 56 : Frazer Harrison/ACM2009/Getty Images Entertainment
p. 57 : Bruce Glikas/FilmMagic/Getty Images
p. 59 : Fred Duval/FilmMagic/Getty Images
p. 60 : ARCHIVE/AFP via Getty Images
p. 61 :JJ/Bauer-Griffin/GC Images/Getty
p. 62 : Neil Mockford/FilmMagic/Getty Images
p. 63 : Alex Moss/FilmMagic/Getty Images
p. 64 : Mandadori Portfolio/Getty Images
p. 65 : Jason Merritt/Getty Images Entertainment
p. 67 : Kevin Winter/Getty Images Entertainment
p. 68 : Neil Mockford/FilmMagic/Getty Images
p. 69 MediaPunch Inc/Alamy Stock Photo
p. 71 : Kevin Mazur/WireImage/Getty Images
p. 72 : Raymond Hall/GC Images/Getty Images
p. 73 : Hoo-Me/SMG/Alamy Stock Photo
p. 74 : Chris Walter/WireImage/Getty Images
p. 75 : NCP/Star Max/FilmMagic/Getty Images
p. 76 : Donna Ward/Getty Images Entertainment
p. 77 : Ignat/Bauer-Griffin/GC Images/Getty Images
p. 78 : Glasshouse Images/Alamy Stock Photo
p. 79 : Raymond Hall/GC Images/Getty Images
p. 82 : Hulton Archive/Getty Images
p. 83 : Evan Agostini/Alamy Stock Photo
p. 84 : Dimitrios Kambouris/Getty Images Entertainment
p. 85 : Dimitrios Kambouris/Getty Images Entertainment
p. 86 Haut : ZUMA Press/Alamy Stock Photo
p. 86 Bas : dpa/Alamy Stock Photo
p. 87 : Christopher Polk/Getty Images Entertainment
p. 89 : WENN/Alamy Stock Photo
p. 90 : Jim McCrary/Redferns/Getty Images
p. 91 : David Richard/Alamy Stock Photo
p. 94 : Kevin Mazur/Getty Images Entertainment
p. 95 : David Richard/Alamy Stock Photo
p. 96 : WWD/Penske Media/Getty Images
p. 97 : Rich Polk/Getty Images Entertainment
p. 99 : Everett Collection/Alamy Stock Photo
p. 101 : Rich Fury/Getty Images Entertainment
p. 103 : Rich Fury/Getty Images Entertainment
p. 105 : zz/RE/Westcom/STAR MAX/IPx/Alamy Stock Photo
p. 106 : Jon Kopaloff/FilmMagic/Getty Images
p. 109 : Michael Buckner/Getty Images Entertainment
p. 111 : Michael Buckner/Getty Images Entertainment
p. 113 : Jason Kempin/Getty Images Entertainment
p. 114 : Ian West/Alamy Stock Photo
p. 115 : Jon Kopaloff/FilmMagic/Getty Images
p. 116 : Jared Milgrim/Alamy Stock Photo
p. 117 : WENN/Alamy Stock Photo
p. 119 : Steve Eichner/WWD/Penske Media/Getty Images
p. 121 : Larry Busacca/Getty Images Entertainment
p. 122 : WENN/Alamy Stock Photo
p. 123 : Everett Collection/Alamy Stock Photo
p. 125 : Charles Sykes/Alamy Stock Photo
p. 126 : Doug Peters/Alamy Stock Photo
p. 127 : WENN/Alamy Stock Photo
p. 129 : Daniel DeSlover/ZUMA Press/Alamy Stock Photo
p. 130 : Jonathan Hayward/Alamy Stock Photo
p. 131 : Admedia, Inc/Alamy Stock Photo
p. 133 : Dan MacMedan/WireImage/Getty Images
p. 135 : Doug Peters/Alamy Stock Photo
p. 136 : Richard Wainwright/Alamy Stock Photo
p. 137 : Jun Sato/TAS18/Getty Images Entertainment
p. 139 : Tsuni/USA/Alamy Stock Photo
p. 141 : BJ Warnick/Alamy Stock Photo
p. 142 : Kay Blake/ZUMA Press/Alamy Stock Photo
p. 144 : Attitude Magazine/Getty Images Entertainment
p. 145 : TAS Rights Management 2021/Getty Images Entertainment
p. 149 : Gotham/GC Images/Getty Images
p. 152 : John Shearer/Getty Images Entertainment
p.153: Kevin Mazur/Getty Images Entertainment

Références

https://www.harpersbazaar.com/uk/fashion/fashion-news/g43362580/taylor-swift-era-tour-wardrobe-fashion/
https://www.billboard.com/photos/taylor-swift-the-eras-tour-night-one-outfits-1235289639/ https://taylorswiftstyle.com/
https://iriscovetbook.com/the-blonds/
https://www.mtvema.com/video-clips/lyjf7f/2022-mtv-emas-taylor-swift-gets-surprised-with-best-pop-award
https://www.nashvillesongwriters.com/taylor-swift-and-ashley-gorley-be-honored-nsai-decade-achievements-5th-annual-nashville-songwriter
https://www.insider.com/taylor-swift-best-style-moments#swift-wore-her-most-daring-and-most-memorable-look-to-date-at-the-2016-grammy-awards-25
https://tasteofcountry.com/taylor-swift-style-epiphanies-easter-egg/
https://www.usmagazine.com/entertainment/news/taylor-swift-debuts-willow-video-after-evermore-album-release/
https://www.vanityfair.com/hollywood/photos/2012/12/taylor-swift-clothes-beauty-accessories
https://www.usmagazine.com/stylish/news/taylor-swift-wears-dream-designer-to-met-gala-2014-see-her-dress-201455/
https://www.tiktok.com/@taylorswift/video/7000347456756043013?embed_source=121331973%2C120811592%2C120810756%3Bnull%3Bembed_blank&is_from_webapp=v1&refer=embed&referer_url=www.etonline.com%2Ftaylor-swift-proves-shes-officially-a-cat-lady-in-funny-newtiktok-video-171081&referer_video_id=7000347456756043013
https://www.vogue.co.uk/news/article/taylor-swift-andrew-lloyd-webber-on-cats-musical
https://gottahaverockandroll.com/Taylor_Swift_2012_Grammy_Awards_Stage_Worn_Vintage-LOT11983.aspx
https://www.net-a-porter.com/en-gb/porter/article-e4f6c48810ac7f53/reporter/news/yael-aflalo
https://www.redcarpet-fashionawards.com/2022/10/25/taylor-swift-wore-dorothee-schumacher-on-the-tonight-show-starring-jimmy-fallon/
https://www.usmagazine.com/stylish/news/taylor-swift-wears-blake-lively-inspired-outfit-to-tribeca-talk/
https://www.instyle.com/news/taylor-swifts-white-vmas-suit-customized-gilles-mendel
https://londonfashionweek.co.uk/designers/sarah-regensburger
https://www.allure.com/story/olivier-rousteing-balmain-army#:~:text=But%20the%20Balmain%20Army%20is,%2C%20sophisticated%2C%20and%20incredibly%20powerful
https://www.eonline.com/news/1152547/the-story-of-how-taylor-swift-s-squad-studded-bad-blood-video-came-together
https://www.billboard.com/music/music-news/taylor-swift-qa-the-risks-of-red-and-the-joys-of-being-22-474565/
Light, A. (2014) Taylor Swift in 1989. Radio.com. Taylor Swift. Rock's Backpages. Disponible sur : http://www.rocksbackpages.com.ucreative.idm.oclc.org/Library/Article/taylor-swift-on-i1989i [consulté le 25 février 2023].
https://www.hollywoodreporter.com/lifestyle/style/donatella-versace-taylor-swifts-grammys-866739/
https://variety.com/2014/music/news/taylor-swift-new-album-live-stream-1201285575/
GALVIN, A., 2018. « How Does Taylor Swift's 'Reputation' Fit in with The Current Political Climate? », *PopMatters*.
HIATT, B., 2019. « The Rolling Stone Interview Taylor Swift », *Rolling Stone*, (1332), pp. 42-49,81.
WILLMAN, C., 2020. « Taylor Swift 'I don't think I've ever written this much' », *Variety*, 346(22), p. 13.
KRIEGER, D., 2019. « Taylor Swift's 'Lover' Finds Her at Peak Creativity in a State of Romantic Bliss », *PopMatters*.
LAROCCA, C., 2019. « Taylor Swift: See Her Prettiest Pastel Looks Ever in Honor of Her New Album 'Lover' », *Hollywood Life*.
BOREN, J., 2019. « Taylor Swift Debuts 1st Look at Stella McCartney Fashion Collaboration with A $1,995 Bomber Jacket ». *Hollywood Life*.
https://www.glamourmagazine.co.uk/article/taylor-swift-asos-magazine-january-2014-issue
GAY, J., 2016. « Full Control », *Vogue*, 206(5), pp. 176-176, 177, 178, 179, 180, 181, 182, 183, 184, 185.
https://www.billboard.com/music/pop/valheria-rocha-interview-lover-album-art-8530890/
https://www.usmagazine.com/stylish/news/taylor-swifts-evermore-album-look-created-by-stella-mccartney/
https://www.npr.org/2022/10/19/1129868151/taylor-swift-is-peak-millennial-vibes
https://content.time.com/time/subscriber/article/0,33009,1893502-1,00.html
https://www.glamour.com/story/taylor-swift-fashion-reputation-music-videos
https://www.billboard.com/music/pop/taylor-swift-red-taylors-version-hat-album-cover-janessa-leone-9589789/
https://www.rollingstone.com/music/music-news/taylor-swift-directs-all-too-well-short-film-in-bts-video-1234643929/
https://msmagazine.com/2022/10/12/taylor-swift-new-album/
http://abcnewsradioonline.com/music-news/2015/4/7/taylor-swift-says-style-was-inspired-by-fashion-staples.html
YouTube Presents. Septembre 2011.
https://www.youtube.com/watch?v=OOPFMrF7v4Q
https://tasteofcountry.com/taylor-swift-style-epiphanies-easter-egg/
https://www.vanityfair.com/hollywood/photos/2012/12/taylor-swift-clothes-beauty-accessories
https://www.smithsonianmag.com/smart-news/taylor-swift-outfits-exhibition-180982281/
https://www.theguardian.com/music/2012/oct/18/taylor-swift-want-believe-pretty-lies
https://www.insider.com/taylor-swift-broken-records-made-history-2022-8
https://www.vogue.com/article/taylor-swift-cover-september-2019
https://www.elle.com/culture/celebrities/a26628467/taylor-swift-30th-birthday-lessons/
https://www.digitalspy.com/music/a326257/neil-young-i-like-taylor-swift/

Remerciements

Un grand merci à Carrie Kania de chez Iconic Images et à James Smith, Craig Holden, Susannah Hecht et Stewart Norvill, ainsi qu'à toute l'équipe d'ACC Art Books. Merci également à Andrew, Freddie et William Newman, Mick Rooney, Gina Gibbons, Pippa Healy, Michael Costiff, Francine Bosco et Jo Unwin pour leur amour et leurs encouragements.

Biographie

Historienne de la mode, Terry Newman a travaillé pendant quinze ans dans le milieu de la mode en tant que journaliste et styliste. Elle se consacre maintenant à l'écriture de livres et d'articles sur la mode, les arts et la culture. Parmi ses récents ouvrages, citons : *Legendary Authors and the Clothes they Wore*, *Legendary Artists and the Clothes they Wore*, *Harry Styles and the Clothes He Wears* et *Rihanna and the Clothes She Wears*. Durant les années 1990, elle s'est occupée de la rubrique shopping de *i-D magazine*, a été rédactrice adjointe au sein de la revue *Self Service* et rédactrice consommation pour le magazine *Attitude*, et elle a présenté des programmes consacrés à la mode sur Channel 4. Elle a écrit des articles pour *The Guardian*, *The Times* et *The Sunday Times*, *Viewpoint* et *The Big Issue* notamment, et a participé à la rédaction de *Fashion Now*, *Fashion Now 2* ainsi que *Soul i-D*. Elle donne des cours dans différents établissements : Regents University à Londres, University of West England et The University for the Creative Arts. Elle vit à Londres avec son mari et leurs deux fils.

« À dix-sept ans,
je ne me séparais jamais
de mes santiags…
Je ne jurais que par elles.
Ensuite, j'ai fini par porter autre chose,
mais je privilégie toujours
ce que j'aime vraiment. »

– Taylor Swift, *Seventeen*, décembre 2010.

Couverture : Couverte de diamants – Taylor pose dans sa « robe nue » lors des MTV Vidéo Music Awards à New York, en 2022.

Page de titre : démonstration de force – Taylor sur scène à Las Vegas lors de sa tournée The Eras Tour, le 24 mars 2023.

Publié pour la première fois en anglais sous le titre *Taylor Swift and the Clothes She Wears* en 2023 par ACC Art Books

www.accartbooks.com

Cette traduction est publiée par Fleurus Éditions en 2024 en accord avec ACC Art Books Ltd.

Édition : Stewart Norvill – Maquette : Craig Holden

L'éditeur tient à remercier Mélanie Picard, Swiftie de choc, pour sa précieuse relecture.
Traduction : Delphine Billaut
Correction/relecture : Nathalie Billaut
Direction : Guillaume Pô
Direction éditoriale : Juliette Spitéri
Adaptation maquette : Solène Lavand, maison bim bam.fr
Direction de fabrication : Thierry Dubus
Fabrication : Julia Mirenda

57, rue Gaston Tessier, CS 50061, 75166 Paris Cedex 19
www.fleuruseditions.com
Loi n° 49-956 du 16 juillet 1949 sur les publications destinées à la jeunesse,
modifiée par la Loi n° 2011-525 du 17 mai 2011.
Imprimé en mars 2023 en France par Sepec AGM Zone industrielle rue des potiers 76440 Forges-les-eaux
N° d'édition : 24L0371
ISBN: 9782215193609
MDS: FS93609
Dépôt légal : avril 2024.

anthelion est un label des éditions Fleurus.

IMPRIM'VERT®
Ce livre est imprimé avec du papier issu de forêts gérées durablement.

CHERCHE... & TROUVE !

Princesses et fées

Ballon

LA FAMILLE ROYALE

- À toi de trouver !

- Cherche les deux couronnes qui sont identiques.
- Combien de grenouilles vois-tu portant une couronne en or ?
- Quelle princesse porte une robe rose avec des manches bleues ?
- Trouve la robe de princesse dont les manches sont de deux couleurs différentes.

À LA COUR

- À toi de trouver !

- Quel trône n'est pas surmonté d'une couronne ?

- Trouveras-tu le chandelier mauve doté de bougeoirs rouges ?

- Dans quel pot y a-t-il le plus de fleurs ?

- Combien de cœurs couronnés vois-tu ?

PROMENADE EN CARROSSE

- À toi de trouver !

- Cherche une lanterne bleue avec de petites vitres jaunes et orange.
- Un des cochers ne porte pas de bonnet rouge. Le vois-tu ?
- Retrouve tous les carrosses sans cheval.
- Combien de carrosses sont équipés d'une lanterne ?

ANIMAUX ROYAUX

- À toi de trouver !

- Où vois-tu un rouge-gorge avec une couronne sur la tête ?
- Le chaton rose n'est pas content. Vois-tu aussi un chien qui n'est pas de bonne humeur ?
- Quel collier compte le plus de pendentifs ?
- Cherche l'os et la gamelle qui vont avec la niche.

DANS LE JARDIN DU PALAIS

- À toi de trouver !

- Où vois-tu deux fleurs bleu clair côte à côte ?

- Cherche une souris bleue avec un nœud jaune.

- Combien d'oiseaux portant une couronne vois-tu ?

- Quel oiseau siffle une chanson d'amour ?

LES FÉES MAGIQUES

- À toi de trouver !

- Cherche le chapeau qui appartient à la fée dans la bulle de savon.
- Retrouve les deux fées qui portent des lunettes.
- Combien de fées ne possèdent pas de baguette magique ?
- De quelle couleur est le chapeau de la fée blonde aux ailes bleues ?

CHEVALIERS ET DRAGONS

- À toi de trouver !

- Trouveras-tu les deux épées croisées avec une poignée en or ?
- Cherche le dragon qui crache du feu, mais qui n'a pas d'ailes.
- Quel chevalier a oublié son épée ?
- Combien de coffres comptes-tu ?

LA CHAMBRE DE LA PRINCESSE

- À toi de trouver !

- Cherche une fleur jaune dans un pot vert.

- Lesquels de ces chatons sont de grands amis ?

- À toi de trouver les deux cadres photo qui sont identiques.

- Combien de miroirs vois-tu ?

ADORABLES PETITES FÉES

- À toi de trouver !

- À toi de trouver la fée qui a décoré ses cheveux avec deux fleurs.
- Cherche la fée qui fait apparaître de petites étoiles dorées.
- Vois-tu plus de papillons ou plus de bonnets à clochette ?
- Une des fleurs a l'air triste. La vois-tu ?

www.ballonmedia.com

F. Rooseveltplaats 12, B-2060 Anvers
Texte : Annemie Bosmans

ISBN 978 90 374 9964 3
D/2016/4969/47
Imprimé en Chine